Promenade avec les dieux de l'Inde

Catherine Clément

Promenade avec les dieux de l'Inde

Éditions du Panama

ISBN 978-2-7578-0299-1
(ISBN 2-7557-0033-5, 1re publication)

Pour Pierre Amado

Avant-propos

Avant d'être écrites, les pages qu'on va lire ont d'abord été dites à quelques centimètres du bâton transmetteur qu'on appelle un micro, sur les antennes de France Culture. Quel que soit leur lieu de naissance, j'aime raconter les affaires des dieux. Leurs généalogies, leurs disputes, leurs amours me passionnent comme s'ils étaient de ma famille et puis, comment ne pas s'intéresser à des êtres capables de se transformer en nuage, taureau, serpent ? Dans ma famille, on ne sait pas faire cela. Dans celles des dieux, si.

Pour une durée de vingt émissions, j'ai raconté les dieux de l'Inde à travers cette grande bouche anonyme qui transmet une voix sans corps à des destinataires inconnus. Je ne suis pas une spécialiste de l'Inde : je ne lis pas le sanskrit, je baragouine le hindi qui n'est au demeurant qu'une des dix-huit langues officielles de l'Inde contemporaine. Que les indianistes me pardonnent ! Ici ou là, j'ai certainement fait des erreurs. Mais faut-il lire le sanskrit pour connaître les dieux de l'Inde ? Les hindous ne sont pas tous sanskritistes et pourtant, chacun d'eux a sa propre interprétation des dieux. C'est ce qui rend si vivante leur vision du ciel, et si familière, leur vision du monde.

À la vérité, je me suis comportée en Indienne. Les Indiens jugent leurs dieux ? Moi aussi. Ils ont pour eux des sentiments d'antipathie ou de révolte ? Moi aussi. Quand ils s'éprennent d'une divinité, ils la voient avec les yeux de l'amour ? Ils ont raison. Ils projettent sur eux leur morale, leurs conflits ? Je fais de même. Je n'ai rien dissimulé de mes goûts pour les dieux ; au demeurant, aurais-je voulu me livrer à des cachotteries que je n'y serais pas parvenue.

Après de nombreuses missions commanditées par les gouvernements de l'Inde et de la France à l'occasion de l'Année de l'Inde, j'ai eu la chance d'y vivre cinq années avant d'y retourner souvent. Mais tous les indianistes le diront, vingt ans de fréquentation de l'Inde ne suffisent pas à la connaître et d'ailleurs, quand on est spécialiste de l'Inde, comme l'excellent Pierre Amado, et qu'on est confronté à une énigme indienne, la seule réponse plausible tient en deux mots, « Ça dépend ». La déesse Kâli a-t-elle huit, quatre ou deux bras ? Ça dépend. Parmi les avatars de Vishnou, faut-il compter le Christ ? Ça dépend. Le crâne de Brahma est-il resté collé à la main de Shiva ? Ça dépend. De l'endroit, de l'époque, des forces en présence, de la flexibilité de la queue des vaches. Le pays est si vaste, si divers qu'en généralisant, on a de bonnes chances de se tromper.

Pourtant, ces dieux, j'ai l'impression de les connaître. Au jeu du « ça dépend », ils se sont imposés à moi selon les heures du jour, les lieux de l'Inde, les sacrifices qu'on leur offrait, leurs frusques, leurs symboles, leurs sourires, leurs menaces, leurs faveurs – ça dépend. Désormais, je dispose d'une grande famille de dieux dont j'ai les portraits, dont je connais les tics, les préférences alimentaires, les phobies, les colères. C'est ainsi que je les raconte, car je parle d'êtres qui sont vivants.

Pour les rapporter à l'écrit, je n'ai pas voulu réduire la chose parlée à sa plus simple expression. Je parle la langue de tous les jours. Les dieux ici présents sont comme je les ai dits, père passif, filles rebelles, tendres voyous, mères hystériques, cousins requins, joueurs patentés, cousine malheureuse, petit dernier coquin, une famille, quoi. Car je ne suis pas croyante. Si tranquillement athée que je suis dépourvue d'anticléricalisme, sauf quand la politique se sert du religieux comme d'une arme à massacre ; hormis cette exception, cause de grandes colères, je raffole du divin.

Je n'aurais pas pu séjourner dans une dictature, même pour un temps compté. Mais en Inde, les dieux ne gênent pas l'immense démocratie à laquelle ils s'intègrent paisiblement. On sacrifie aux urnes le jour des élections, mais les votations sont transparentes et les dépouillements, irréprochables. Sauf fanatisme pathologique individuel, les dieux de l'Inde ne sont pas exigeants. Une banane, une fleur, du sucre, parfois, une chèvre, et tout va bien. Chacun s'arrange avec eux ; « *we manage* », disent les Indiens, avec les dieux comme avec le climat, le manque d'infrastructures et ce qui reste de pauvreté, qui frappe environ 300 millions de citoyens sur le milliard deux cents millions d'Indiens.

Ce sont ces arrangements que je vais raconter.

1

Trois cents millions en tout, sans oublier les autres

On dit qu'ils sont 300 millions. C'est le chiffre que me donna sans rire le grand indianiste Pierre Amado, directeur de recherches honoraire au CNRS.

Trois cents millions de dieux en Inde ! Qui dit mieux ? Personne au monde. Nulle part on n'en trouvera autant.

Et pourtant, le compte n'y est pas. Ces centaines de millions de dieux relèvent d'une seule des religions de l'Inde, car, ne l'oublions pas, l'Inde est une fédération laïque où coexistent de nombreuses religions. C'est pourquoi, avant de pénétrer dans la forêt hindoue, je voudrais saluer les autres dieux de l'Inde.

Salut aux dieux qui ne sont pas hindous

Allah et son prophète, pour les 150 millions de musulmans indiens.

Il n'est pas dieu, mais vecteur du divin : le gourou Nanak, mort en 1539, fondateur de la religion sikh, un monothéisme rigoureux à la croisée de l'islam et de l'hindouisme, pour les 20 millions de Sikhs qui vivent en Inde.

Jésus-Christ et la Vierge Marie pour les 20 millions de chrétiens indiens qui se partagent entre catholicisme, anglicanisme et protestantisme.

Mahavira, dont le vrai nom était Vardhamana, fondateur de l'austère et belle religion jaïn, pour les 3 millions de Jaïns.

Dans cet ordre dont chacun comprendra qu'il va du plus nombreux au moins nombreux, c'est ici que prend place le Bouddha, fondateur du bouddhisme, pour les quelques centaines de milliers de bouddhistes indiens, sans parler des nombreux exilés tibétains qui n'ont pas nécessairement la nationalité indienne. Seulement quelques centaines de milliers ? Oui. Encore est-ce une évaluation optimiste. Si le bouddhisme est né en Inde, c'est tout à fait ailleurs qu'il s'est épanoui.

Ensuite vient le Feu, dieu des Parsis, communauté réduite à moins de 50 000 personnes, strictement endogamique et qui, pour cette raison, connaît, hélas, un vrai déclin démographique.

Enfin, bon dernier, Yahvé, dieu des armées, pour la petite poignée de juifs qui sont restés en Inde sans rejoindre l'État d'Israël, et qui vivent à Cochin, Bombay, Delhi et Calcutta.

Est-ce tout ? Non, il y a les autres. Tous les autres, les innombrables dieux aborigènes des tribus de l'Inde, peuplées d'Adivasis – « les premiers hommes » – parlant plus d'un millier de langues : parmi d'autres, 10 millions de Gond, 10 millions de Bhil, les Muria, les Naga, les Mundari, les Santhal, les Mizo, et, depuis 2004, même les fameux Parsis, inclus dans la recension officielle des *Scheduled Tribes* ouvrant droit à une très active discrimination positive qui, on l'espère, les sauvera.

Les hindous, quant à eux, sont au moins 700 millions sur 1,2 milliard d'Indiens, chiffre considérable qui s'accroît d'une quinzaine de millions chaque année, une France tous les trois ans.

Portés par une puissance majoritaire, aidés par la tolérance spontanée de l'hindouisme villageois, les dieux hindous imprègnent l'Inde, visitent les autres religions et quelquefois, les parasitent. Par exemple, dans la communauté juive de Cochin, qui n'a jamais été bien grande, mais qui est l'une des plus anciennes du monde, il y eut des juifs blancs et des juifs noirs partagés selon des critères empruntés au système des castes, alors qu'il s'agit du judaïsme, religion égalitaire entre toutes. Penser qu'une fraction du peuple juif en est arrivée là ! Parce qu'elle est tolérante, l'Inde a le génie du syncrétisme, la passion du divin, de sorte que les emprunts sont fréquents de part et d'autre de frontières invisibles.

Dans la forêt hindoue

Je voudrais parler des dieux de l'Inde comme ils me sont apparus au fil des jours. D'abord comme de bons camarades, si l'on veut bien me pardonner cette familiarité ; ensuite comme des amis ; enfin – et tout de même – comme des divinités. Quand j'ai eu l'impression que je les connaissais, alors seulement j'ai été voir dans les livres savants qui ils étaient.

Au commencement est le chaos. Un fouillis absurde, des emmêlements de bras multiples, des visages tous semblables, grands yeux vides et sourire élargi. On ne voit pas les corps des dieux, couverts de guirlandes de fleurs ou de découpages en carton scintillant comme des arbres de Noël. On les confond tous. On se perd dans leur part animale. On a du mal avec les désinences, les masculins se terminent par un « a » et les féminins par un « i », encore que, ça dépend. Les posters représentant les dieux en font des stars de Bollywood, peau rose, joues rouges, lèvres carmin, corps enrobé, mais dans les temples, souvent, leurs statues noires d'huile sont figées, sans grâce et sans mouvement. Entre leur allure kitsch et leur style empesé, on ne s'y retrouve pas.

Un jour, on s'y est fait. Quand ? On ne sait plus. En un premier temps, on les croise, les dieux, sur les routes, dans les rues de l'Inde. Ce grand arbre aux grosses racines noueuses, pourvu de racines flottantes qui tombent des branches et rejoignent la terre, c'est un banyan, l'un des arbres sacrés de l'Inde. On voit souvent dans les racines du banyan une sorte de visage en triangle, tout noir, un peu fruste, sans corps.

On ne peut pas dire que c'est une pierre taillée, ce n'est pas même une sculpture. Deux yeux blancs grossièrement peints sur la pierre, un point couleur minium planté entre les yeux ; devant le triangle de pierre noire, disposé à la va-comme-j'te-pousse, on voit des fleurs, des offrandes, bananes, hibiscus. Voilà tout. Est-ce un dieu, une déesse ? Est-ce une pierre divinisée ? Eh bien, c'est de la dendrolâtrie. On adore l'arbre sacré, la figure qui s'y trouve, et si elle est noire, on peut penser que c'est la grande déesse Kâli dont nous parlerons abondamment plus tard.

À Bénarès, au sommet du ghât qui s'appelle *Tulsighât* (le quai du Basilic), réside, sous un temple minuscule – il m'arrive à la taille, et je mesure 1,59 m – une toute petite statue du dieu taureau. Il s'appelle Nandi, c'est la monture du grand Shiva. Au temple dit « des Singes », ils sont là. Ce ne sont pas des statues, mais de véritables singes agiles et glapissants qui n'ont rien à voir avec l'étrange divinité qu'on appelle le Singe Divin, Hanuman. Depuis longtemps, ces vrais singes auraient la rage. Est-ce parce qu'ils sont enragés ? Ils m'ont chipé mes lunettes, ce sont de sacrés voleurs, mais cela ne les empêche pas d'être traités et nourris comme des dieux.

Plongeon dans la conscience polythéiste

En matière de divinités animales, on n'est jamais déçu en Inde. Je pense au stupéfiant temple des Rats, près de Bikaner, non loin de la frontière du Pakistan, dans le désert du Thar. J'ai fait dans cet endroit bizarre la plus forte expérience théologique de toute ma vie. Il y a des centaines de rats dans le temple. Naturellement, l'espace est protégé par un grand filet métallique pour éviter que les oiseaux de proie viennent attaquer les petites bêtes. Car les rats sont sacrés, ce sont des dieux. Personne n'ayant le droit de les maltraiter, ils vivent en liberté dans l'aire de leur temple.

Vous entrez et les rats trottent entre vos pattes. Ils ne vont pas vous chercher noise, car ils sont gras et bien nourris ; les visiteurs leur offrent des granulés sucrés. Comme ils ne sont pas méchants, on en est vite couvert. Ils ne se font pas faute de vous grimper dessus en couinant avec sympathie, car ils sont amicaux et très curieux. Eh bien ! Je ne l'aurais pas cru, je ne pensais pas cela possible, mais au bout de deux heures, j'ai marché sur la queue d'un rat et j'ai dit sans réfléchir : « Oh, pardon ! »

C'est cela, l'expérience vécue de la conscience polythéiste. Cette phrase stupéfiante pour un Occidental, elle m'est venue naturellement en bouche après deux heures passées à fréquenter les rats. À force de les voir maîtres des lieux, je les ai traités comme si j'étais hindoue : avec crainte et respect, fort poliment. Cet envahissement d'animalité déifiée a fini par « me prendre la tête », comme on dit trivialement.

La tête prise par l'animalité, la tête prise par la divinité.

Ce matin-là, au lever du soleil, nous étions devant le petit temple de la déesse Noire, dans une cour étroite enserrée de hauts murs, à Calcutta. Il y avait ces chèvres qu'on égorge tous les matins sur de minuscules guillotines ajustées à la taille du cou – il vaut mieux que ce soit les chèvres, d'ailleurs, que les humains. Nous connaissions la destination de leur chair. Comme toujours quand il s'agit de sacrifice animal, la viande des chèvres égorgées est ensuite répartie entre les pauvres, peut-être ceux qui sont recueillis par la mère Teresa, dont les installations sont mitoyennes.

Et déjà, c'est bizarre. À côté du célèbre mouroir de mère Teresa, on égorge les chèvres sur les petites guillotines devant le temple de la déesse Kâli ! Nous savons que la future sainte soigne les mourants de l'autre côté du mur et qu'elle en guérit plus de la moitié, qui sortent du mouroir sur leurs deux jambes. Nous savons que nous sommes dans l'un des rares endroits où l'Inde tolère encore les sacrifices d'animaux, interdits par la loi depuis environ trente ans, et nous savons aussi que la déesse Kâli, dans cet illustre temple miniature, est terrible. Et voilà l'un de nous gagné par le polythéisme… « Mais tu vois comme ils les aiment, leurs petites chèvres », me dit-il en les caressant avec une immense tendresse.

« Regarde ! Ils leur mettent des colliers de fleurs au cou… » C'était on ne peut plus vrai. Elles portaient des guirlandes d'œillets jaunes. Un peu plus, il les aurait poussées sur la guillotine. Si le prêtre lui avait prêté son cimeterre, il l'aurait abattu sur les chèvres charmantes au cou fleuri.

Eh bien voilà ! On a la tête prise. On bascule là-dedans. Beaucoup plus rapidement, et plus profondément que dans nos religions polies et distinguées.

Les cobras. Ce sont des animaux extrêmement dangereux. Au bout de deux ou trois ans, on prend l'habitude, quand on en dérange un dans un jardin, sachant qu'ils sont au demeurant très peureux, de les saluer poliment en les remerciant de vous porter bonheur. On respecte les cobras, on aime les cobras quand on est indien. Et si j'ai eu peur au début, cela m'a passé. Oh ! Bien sûr, il y a des accidents – songez au scénario du film de Jean Renoir, *Le Fleuve*, on y voit un enfant qui fréquente un cobra et qui, le nourrissant d'un peu trop près, en meurt pour s'être fait piquer. Bien sûr, cela existe. Il y a de nombreux accidents. Mais quand on est indien, cela n'enlève rien au respect du cobra.

On peut avoir une autre approche des dieux de l'Inde. André Malraux, par exemple, a une vision extrêmement noble. Telle n'est pas la mienne. Bien entendu, je n'ai pas résisté à la majesté formidable de la grande grotte d'Elephanta, qui présente sous forme monumentale les figures des trois divinités qui font vivre le monde, Brahma, Vishnou, Shiva, ce qu'on appelle la *Trimurti.* Difficile de ne pas être pris par cette atmosphère, surtout pour un Malraux, qui s'est également abîmé dans la contemplation à Mahaballipuram, dans le sud de l'Inde. Sur le site de Mahaballipuram, où l'on vient tout juste, après le passage du tsunami, de découvrir les ruines antiques d'un temple inconnu à ce jour, une vaste fresque sculptée montre le mythe de la descente du Gange, un épisode majeur de l'histoire des dieux de l'Inde. Difficile, en effet, de résister à ce grand éléphant sublime, à ce fleuve jaillissant de la pierre taillée, ou à ce chat yogi, debout sur ses pattes arrière.

C'est un univers auquel on ne résiste pas. Malgré vous, les dieux de l'Inde se glissent sous votre couette. Ils seront dans vos rêves, à l'intérieur de votre pensée.

Au bout de quelques mois, ils se font reconnaître. Pour les Français, l'ordre d'apparition des dieux indiens est presque toujours le même.

L'adolescent libertin

Le premier dieu qu'on voit d'emblée, c'est Krishna, très populaire en Occident. Il a la peau bleu sombre, une plume de paon sur la tête, ou une couronne de plumes, et il joue gracieusement de la flûte. Il a un pied levé, croisé sur la jambe gauche. C'est un adolescent à peine pubère. Il est généralement en train de jouer avec ses vachères, les *Gopi*. J'ai cru longtemps que c'étaient des bergères, car les gardiennes d'animaux, dans nos chansons et nos contes, sont gardiennes de moutons. Mais en Inde, où les vaches sont sacrées, les amies de Krishna sont bel et bien vachères, gardiennes d'animaux qu'on ne tuera jamais. Les Gopi ! Compagnes de jeux érotiques que Krishna entraîne dans des danses tournoyantes pour la joie et l'ivresse, qu'on appelle *Raslila*. Toutes les vachères sont les maîtresses du dieu, et elles sont onze mille. Onze mille vachères plus une, la préférée, Radha, une femme mariée, vite divinisée. On n'en sait rien encore, mais on pressent l'étrangeté de ce dieu adolescent, amant d'une femme mariée et de onze mille vachères.

Le type au cobra autour du cou

Le deuxième dieu qui s'offre à nous est très facile à reconnaître. C'est un dieu d'épouvante, même si, la plupart du temps, sur tous les posters, il arbore un ravissant sourire et s'il a les joues rose shocking : c'est Shiva. Comme beaucoup, je l'ai d'abord trouvé antipathique. Il porte un cobra vivant autour du cou, qui passe la tête en déployant son capuchon ; il est vêtu d'une peau de panthère ou d'antilope, ou de tigre, ou d'éléphant, hâtivement drapée sur les hanches ; il est coiffé d'un curieux chignon perché sur le haut du crâne, et porte un collier d'objets peu sympathiques autour du cou. Ce sont des crânes ou des têtes coupées. Il a également la peau bleue. Il suffit de le voir une fois pour avoir peur.

Une fois qu'on le connaît, quand on a compris qu'il est le dieu de la danse, de la vie, de la mort et de la réincarnation – ou de la fin des réincarnations, ça dépend –, alors il est le plus attachant de tous les dieux. Après quelques années, loin des charmes un peu mièvres du dieu Krishna, c'est lui que j'ai préféré. Ce dieu terrible et nécessaire incarne le désordre du monde. Dans un pays où tant de dieux incarnent l'ordre des castes, en effet, on a grand besoin du souffle libertaire de Shiva.

Le poupon à tête d'éléphant

Ensuite, dans les maisons amies, on fait connaissance avec le très populaire Ganesh, qu'on appelle également Ganesha ou Ganapati. C'est le dieu à la tête d'éléphant. Mais ce n'est pas exactement ainsi qu'il faut le présenter. C'est un dieu à tête d'éléphant, certes, mais c'est surtout un gros bébé avec un énorme ventre et une tête d'éléphant. Ce qui compte, nous le verrons, c'est qu'il ait le corps d'un gros bébé. En revanche, il est important de noter que la tête éléphantesque dispose d'une seule défense. Pourquoi ? Il y a six ou sept explications. En voici une. L'autre défense de Ganesh, celle qui manque, a été donnée à l'auteur du *Mahabharata*. Elle a servi de style – ou de stylo – pour l'écriture du premier poème épique de l'Inde. Pourquoi ? Ah ! C'est une longue histoire.

Il n'y a pas de maison sans ce bébé à tête d'éléphant. Mais Ganesh n'est pas le seul dieu mi-animal, mi-homme. Je ne parle pas des dieux animaux, puisque le rat à qui j'ai demandé pardon était un rat tout ce qu'il y a de plus rat, sans tête humaine, un rat intégral. Mais Hanuman, par exemple, le singe divin au grand cœur qui se déchire le thorax pour offrir son muscle cardiaque rougeoyant à l'adoration des fidèles, ce dieu-là est très énigmatique. Il évoque les représentations du Christ qui s'ouvre le thorax pour laisser paraître le cœur sacré de Jésus, organe sanglant cousu sur les vêtements blancs, et marque de reconnaissance des chouans. Quand on a la mémoire de l'histoire de France, à la place d'un Christ blond et barbu, on voit un singe à l'œil tendre qui s'ouvre le thorax et laisse voir son cœur. Pourquoi ?

Ces dames de Calcutta

Allons à Calcutta pour les grandes fêtes des *Durgapuja*. Écrasant les autres divinités, une déesse se réplique en plusieurs milliers d'exemplaires, trois ou quatre mille statues environ, disposées dans les rues, aux carrefours, dans les cours des palais. C'est une femme très brune avec une bouche très rouge, juchée sur un lion. Elle a un nombre assez impressionnant de bras, comme tous les dieux de l'Inde, et chaque main tient une arme meurtrière, car cette belle femme à la bouche pulpeuse est là pour tuer un démon buffle que l'on voit sur le bas-côté, sur le point d'être décapité. Elle s'appelle Durga. Elle peut être en glaise simple, en glaise peinte, ça dépend, mais la glaise sera crue, jamais cuite. Il y a une bonne raison : les matériaux qui composent ces statues doivent pouvoir se dissoudre dans l'eau à la fin des cérémonies. Malgré cette issue inévitable et la dissolution promise à la déesse, son image de glaise porte toujours des cheveux noirs artificiels, comme une énorme poupée.

La belle Durga est flanquée d'une sorte d'image inversée dont les fêtes ont lieu quelques semaines après les *Durgapuja*. Et quel envers ! Celle-ci a une langue tirée, des yeux exorbités, elle porte des colliers de têtes décapitées dégoulinantes de sang, car le collier de têtes coupées est un des tropes du panthéon hindou. Comme Durga, elle a ses milliers de statues de glaise crue, ses vêtements, ses bijoux, elle ira se dissoudre au fleuve, elle aussi. Elle s'appelle Kâli. Quand on l'a vue une fois, on ne peut plus s'en détacher. C'est la figure de cauchemar. Et on s'aperçoit très vite que cette figure de cauchemar, célébrée dans les *Kâlipuja*, est la plus adorée de toutes les déesses, car à Calcutta, elle représente l'amour maternel. Comment est-ce possible ?

Le secours des livres

Je n'ai pas encore vu les grands dieux créateurs. Les plus visibles ne sont pas forcément ceux qui agissent le plus dans la cosmologie de l'Inde. Comment se repérer dans cette forêt touffue où le plus important n'est pas le plus visible ? Eh bien, comme Thésée avec le fil d'Ariane dans le labyrinthe du Minotaure : pas à pas, avec des livres. C'est ce que j'ai fait après avoir laissé mon imaginaire s'imprégner de ces visions. C'est ce que j'ai fait après avoir laissé les odeurs de singe pénétrer mes narines, le pelage velouté des rats toucher ma peau et les parfums des encensoirs me tourner la tête, de façon à être envahie d'abord par la sensualité des dieux avant de les connaître dans les livres.

Ces livres dont je vais me servir, en voici la liste. D'abord, le *Dictionnaire des mythologies*, sous la direction d'Yves Bonnefoy, tous les articles sur le panthéon hindou étant de Madeleine Biardeau. Ensuite *Mythe et Épopée* de Georges Dumézil, le grand comparatiste qui découvrit les structures communes aux hindous, aux Romains et aux Ossètes. *Le Mahabharata*, traduit et commenté par Madeleine Biardeau, *La Voie du Tantra* d'Ajit Mookerjee et Madhu Khanna, *Cuire le monde,* de Charles Malamoud, un livre de Sudhir Kakar dont je parlerai souvent et qui s'appelle *Eros et imagination en Inde*, et enfin, de Catherine Weinberger-Thomas, *Cendres d'immortalité*, un livre consacré aux femmes qui commettent ce qu'on appelle le *sutee* ou le *sati*, sacrifice des veuves qui se brûlent sur le bûcher de leur mari. Sans oublier un livre vivant, Pierre Amado.

Dans cette forêt de mythes coulent le sang et le sperme, et beaucoup d'humeurs féminines, puisque chez les Indiens, il y a un sperme féminin. Il y a de la sueur, de la crasse, de la buée, du cérumen, toutes substances sorties des orifices du corps et qui servent à fabriquer des divinités. Il y a, partout, de l'animal. Du poil, de la plume, du bec, l'oiseau en vol, le tigre en rut. Entre l'animal et l'homme, en Inde hindoue, la différence est très fragile : chacun peut se réincarner singe, rat, lion ou buffle, chaque hindou sait qu'il a un potentiel animal dans une autre vie.

Est-ce la raison pour laquelle les substances émises par le corps sont douées d'une force magique, et capables de fabriquer les dieux ? C'est si peu de chose, un dieu.

2

La cinquième tête du dieu Brahma, ou la punition de l'inceste

C'est de Brahma que vient le mot *Brahman* qui veut dire l'Un ou l'Inconnaissable ; et c'est également de Brahma que vient la caste des *Brahmanes*, celle des prêtres lettrés, la plus haute caste du système hindou. C'est du dieu Brahma que vient le mot *Brahmasutra*, cordon sacré que porte l'enfant mâle de sept ans lorsqu'il devient « deux fois né ». C'est encore le *Brahmi*, un type de notation du sanskrit, et la liste n'est pas close.

Brahma est le dieu créateur et on dit qu'il a peu de temples en Inde. Pour moi, je n'en ai jamais vu qu'un seul, dominant le lac de Pushkar, en plein cœur du Rajasthan. Un seul temple pour le dieu créateur, c'est singulier. Je me suis imaginé que c'était à cause de sa faiblesse : car ce dieu créateur est comme ligoté.

Dieu le père est un faible

Brahma est un dieu faible. Le peu qu'on lui voit faire est à moitié raté. Au vrai, il ne « fait » pas, il ne sait pas agir. Tout seul, il ne peut rien. Certes, le patron des brahmanes est à leur image : garant du système, il n'est pas dans l'action. J'ai sous les yeux une miniature qui représente Brahma : un vieux pépère aux mains jointes saluant respectueusement le cygne, sa monture. Il est vrai qu'il y a toujours chez les brahmanes cette extrême politesse, cette évidence d'humilité ; on n'exhibe pas la force. Au commencement, j'ai pensé que Brahma relevait du modèle qu'on appelle en latin le *deus otiosus*, le dieu paresseux : il impulse la création, puis il est si fatigué qu'il se repose, laissant aux autres, dieux ou hommes, le soin de finir le travail. On trouve ce genre de dieux épuisés dans certains panthéons d'Afrique, chez les Dogon du Mali, par exemple.

Son apparition au monde fait l'objet d'innombrables versions. Voici l'une des plus simples. Brahma naît dans un œuf d'or cosmique, venu lui-même d'une graine plongée dans l'eau. Au bout de mille ans, l'œuf se sépare en deux ; apparaissent d'un côté Brahma, un vieux petit barbu fripé à peau très blanche, de l'autre, née par scissiparité, Saraswati, belle jeune femme, déesse des arts, de la parole et de la connaissance.

Mais cette naissance se complique par la suite. On retrouve Brahma émergeant d'un lotus qui pousse dans le nombril d'un autre dieu, Vishnou, son co-créateur, si je puis dire. Pourtant c'est de Brahma qu'est venue la première impulsion.

Quel étrange personnage ! C'est un ascète. Il est l'inventeur d'un exercice qui s'appelle les Cinq Feux. Il faut les avoir vus, les Cinq Feux ! En plein soleil, par 45 °C à l'ombre, on allume cinq feux autour de soi. On est tout nu, on a un feu devant soi, un feu derrière soi, un feu à droite, un feu à gauche et sur le sommet du crâne, tombe le feu du soleil au zénith. À quoi servent les Cinq Feux ? À s'infliger une macération. Pratiquer l'ascétisme, c'est habituer son corps à ces extrêmes, le soumettre, le rendre docile au pouvoir de l'esprit, lui prouver sa nature de guenille, lui imposer silence. C'est pourquoi Brahma, le patron des brahmanes, inventa les Cinq Feux.

L'affaire de la tête de Brahma

Brahma a cinq têtes comme de très nombreux dieux. Mais il y a une affaire de la cinquième tête de Brahma.

Et quelle affaire ! Les autres dieux gardent leurs cinq têtes, mais lui, Brahma, n'en aura plus que quatre.

J'ai dit que l'œuf cosmique s'était divisé en deux et que Brahma lui-même, se divisant à son tour, donne naissance à Saraswati, sa parèdre, c'est-à-dire son alter ego féminin. Saraswati est sa fille. Immédiatement Brahma tombe amoureux de Saraswati. On dit cela joliment : Brahma est saisi par les yeux du désir.

Et c'est là que les choses deviennent très amusantes.

Sitôt née, Saraswati honore son père en tournant autour de lui à pas lents dans le sens des aiguilles d'une montre, car c'est le sens réglementaire et l'on ne plaisante pas avec ça. Malade de désir, Brahma suit des yeux la jeune fille qui tourne autour de lui. Il lui pousse une deuxième tête pour regarder sa fille, puis une troisième tête pour convoiter sa fille et une quatrième tête. À la quatrième tête, le dieu comprend que son désir est incestueux, car on a beau être le créateur et sortir d'un œuf d'or, on a une conscience, surtout si l'on est le patron des brahmanes.

Confus, plein de remords, Brahma perd aussitôt ses pouvoirs ascétiques. C'est alors que lui pousse une cinquième tête que, faute de mieux, puisqu'il n'est plus ascète, il coiffe d'un chignon d'ascète, ce chignon très haut façon 1900 que portent les ascètes en Inde. Et la cinquième tête du malheureux Brahma tourne les yeux vers le haut pour n'avoir pas à regarder l'objet de son péché.

Affaibli, privé de ses pouvoirs, le dieu lègue la suite de la création à d'autres. La « fatigue » du *deus otiosus* n'est donc pour rien dans ce renoncement. Mais l'inceste, si.

Brahma n'a donc pas cinq têtes, mais quatre, plus une. Cette cinquième tête qui regarde vers le haut et qui feint d'être une tête d'ascète, alors que les pouvoirs ascétiques ont été perdus, s'appelle le Brahman. C'est l'origine du concept très difficile de l'Impossible à connaître, ou encore du Cela, ou encore de l'Un dans la diversité. Mais cette tête de faux ascète, cette image de l'Impossible, le dieu Brahma ne va pas la garder.

Une tête qui colle à la paume

Il y a des querelles de cours de récréation entre les dieux de l'Inde.

Brahma est en rivalité ascétique avec Rudra Shiva, dieu des montagnes, une figure primitive de Shiva. À cette époque très archaïque, Rudra est une sorte de fou. C'est le dieu des orages, des éclairs, des tempêtes, des ouragans. Fort jaloux de la cinquième tête de Brahma, Rudra Shiva se fait pousser une cinquième tête à son tour. Et les deux dieux ascètes se disputent pour savoir quelle est la meilleure cinquième tête. La tienne, la mienne ? Rudra Shiva se fâche. Dans sa colère, il fait sauter la cinquième tête de Brahma d'un coup d'ongle.

Très simple ! Pas avec la main, pas avec une épée, non, d'un coup d'ongle. Brahma n'aura plus que quatre têtes. Rudra Shiva a désormais cinq têtes. Il a gagné.

Rien n'est simple avec les cinquièmes têtes. La cinquième tête de Rudra Shiva, poussée par jalousie, est l'extrémité supérieure du phallus, du fameux *lingam* de Shiva. Donc ce n'est pas une tête, pardonnez-moi, c'est un gland. C'est un gland qui sert de tête. Une fausse tête, comme la cinquième tête de Brahma.

Rudra Shiva récupère la tête qu'il a coupée d'un coup d'ongle. Mais la tête de Brahma lui reste collée à la main. Ou plutôt à la paume, puisque dans toutes ses représentations, Shiva porte un bol à aumônes au creux de la paume. Et voilà que, comme bol à aumônes, Rudra Shiva a la tête du dieu Brahma. Plus moyen de s'en débarrasser. Pour décoller la tête de Brahma de sa paume, le dieu des orages va devoir faire un très long pèlerinage.

Ce pèlerinage a donné naissance à une secte, les Kapalika, du nom de *kapala*, le crâne en sanskrit : ces disciples de Shiva se servent d'un crâne humain pour boire. Cette pratique a été suivie par la suite par de nombreux moines bouddhistes. Je possède deux bols à aumônes d'origine tibétaine, achetés à Gangtok et Kathmandou : ce sont deux calottes crâniennes d'origine humaine, doublées de ce genre d'alliance de métaux très particulière que les Tibétains savent faire. C'est un peu plus terne que l'argent, c'est inoxydable et l'os de la calotte crânienne est extrêmement décoré. Ce type de bol à aumônes est resté collé dans la main du seigneur Shiva.

Qui a créé le monde ?

Ils sont trois : Brahma, Vishnou, Shiva, les inséparables de la Trimurti. Mais c'est Brahma qui commence, car c'est lui qui naît le premier, impulsant les cycles du devenir. Il naît pour une vie de cent ans, l'idéal de la durée de vie dans l'Inde des commencements. Chacune de ces années de Brahma comprend 360 jours divins, de sorte qu'il y aura 3 600 cycles du monde répétant la même création. Chaque jour de Brahma comprend lui-même 1 000 cycles, chaque cycle comprend 12 000 années divines, chaque année divine comprend 360 années humaines, et maintenant, devinette : quel est l'âge du capitaine ?

Il est sans âge et les humains s'en moquent, car la création du monde de Brahma n'entretient pas de rapport direct avec l'époque où se situe le monde des hommes. Nous sommes pris dans des cycles géants appartenant aux dieux qui nous ont faits, mais cela compte peu au regard de nos petites vies. Cet immense calcul importe pour suivre le déroulement cosmique d'une journée de Brahma. Une seule journée de 1 000 cycles et de 12 000 années divines comprenant 360 années humaines, déjà, ce n'est pas mal, et ça nous laisse le temps de voir venir.

Donc, au petit lever d'une journée de Brahma, le dieu s'éveille sur l'océan unique où il n'y a rien, ni terre, ni ciel, ni enfers, rien de rien. Animé par le souffle du Vent, Brahma crée d'abord l'Ignorance, condition de possibilité des êtres individuels. Viennent ensuite les plantes inconscientes et inertes, les animaux, plus mobiles, puis les dieux, très contents d'eux et qui ne font rien ; enfin, Brahma crée les hommes, beaucoup plus actifs que les dieux parce que, contrairement aux dieux, les hommes souffrent. À la fin du jour, Brahma s'endort. C'était une journée de Brahma.

On n'a pas vu de cycle du soleil ni de cycle de la lune. Il n'y a pas encore de lendemain. Toutefois, la chaleur monte. La lumière absorbe l'humidité et incendie les mondes : les enfers, le ciel, les eaux. Et le soleil devient une boule de feu rayonnante. Et cet incendie qui détruit tout ce qui existe est le travail de Rudra Shiva, dieu du ravage. Cette destruction n'est pas forcément mauvaise, mais elle est très sélective, très orientée, car on retrouve toujours les clivages du système des castes quand on se promène dans l'imaginaire indien.

Voyez plutôt. Les habitants du ciel, qu'on appelle les *Deva*, seront préservés de toute renaissance et seront même protégés de la brûlure. Ils atteignent directement le lieu de la délivrance. Les autres, tous les autres, seront brûlés vifs, condamnés à renaître et renaître encore.

Les purs échappent au feu

Vous, les Deva, vous n'avez pas besoin d'être brûlés sur un bûcher, puisque vous êtes d'emblée purs ou purifiés. Je dis « vous », je sors un instant de ce monde cosmique car il existe encore, dans l'Inde d'aujourd'hui, des personnages qu'on ne brûle pas sur les bûchers, mais qu'on enterre debout devant des foules immenses, parce que, comme les Deva, ils sont purs.

Je me souviens de l'enterrement d'un Chief Minister du Tamil Nadu, dont la pureté avait été admise parce qu'avant d'avoir été un homme politique, il avait été acteur de cinéma. Comme il avait joué des rôles de dieux, il était sanctifié, donc pur. On ne l'a pas brûlé, on l'a enterré debout. La foule se presse en masse quand on enterre un grand saint qui, comme les *Deva*, n'est pas susceptible de retomber en impureté.

La veille de l'enterrement, c'était à l'automne 1987, le chef de la police de Madras disait : « S'il y a moins de mille suicides, je serai bien content. » Il y en a eu trois mille, et il était quand même content. Voilà qui donne une petite idée des phénomènes que peut déclencher cette cosmologie lorsqu'elle passe dans la vie réelle, soulevant les innombrables foules autour de ceux qu'on enterre debout.

Nous sommes à la fin de l'incendie, et voici le déluge. Shiva lui-même est incendié, et le vent souffle. Le vent ne souffle pas pour attiser le feu. Le vent amasse les nuages d'où tombe une pluie qui éteint l'incendie pendant cent ans.

L'apparition de l'endormi

Puis le vent arrête les nuages et Vishnou apparaît, endormi sur l'océan sans monde, et reposant sur le serpent Sesa.

C'est le roi des serpents (les serpents s'appellent des *naga*) ; un habitant des eaux souterraines qui vit avec ses serpentes, les *nagini*. Naturellement, Sesa est un dieu ; c'est un animal-dieu qui se mord la queue. Il est le reste de l'incendie.

Voilà donc Vishnou endormi sur l'océan et reposant sur ce *naga* circulaire.

Le sommeil de Vishnou est extrêmement célèbre. Dans les débuts, cela ne me plaisait pas. Bonjour Vishnou, allongé sur un lit de lotus ou sur les écailles de son serpent, appuyé sur un coude et qui dort… Quelle image de rêve dans un pays où le chômage n'est pas même quantifiable !

Mais dans le commentaire hyperbolique de la mythologie, Vishnou ne dort pas d'un sommeil naturel. Non ! Le grand dieu dort du sommeil du yoga, qui est une retraite de la conscience à l'intérieur de soi. Ce sommeil ne peut pas être celui de l'homme oublieux qui ne fait rien, même lorsqu'il rêve. Le sommeil « yoguique » de Vishnou participe de la création. Car du nombril de Vishnou endormi s'élève cette tige de lotus dans lequel repose Brahma, qui s'éveille pour un nouveau jour.

C'est une représentation difficile. Toutefois cette *Trimurti* est l'un des socles les plus importants du panthéon de l'Inde. C'est elle qu'André Malraux a vue dans la grotte d'Elephanta, où se trouvent les figures géantes qui, toutes les trois, esquissent une ombre de sourire. Les lèvres sont un peu boudeuses, mais sereines. Les yeux mi-clos sont étirés, mystérieux, presque bouddhiques. Seuls les attributs changent, la coiffe, les pendants d'oreilles. Et l'on voit bien que dans ces trois visages accolés s'exprime la même force au travail sous trois formes : une force qui pose, une force qui détruit et une force qui maintient. Brahma est le créateur, Shiva est le destructeur, et Vishnou, le mainteneur. Il y a donc une nécessité de l'acte, mais l'acte est la chose la plus faible. Il ne suffit pas. C'est pourquoi il y a une nécessité du désordre, et une nécessité de la permanence.

Les dieux sont Sacrifice

On pourrait raconter la création d'une autre manière. Dans les textes les plus anciens, existait un dieu créateur et démembré, Prajapati. Démembré ? Absolument. Car Prajapati est le sacrifice.

Tous les dieux hindous sont le sacrifice, dirait Madeleine Biardeau. Certes, mais il est difficile de comprendre comment un dieu incarne le sacrifice. Lorsque Jésus-Christ est sur la croix, c'est un dieu sacrifié. D'autres forces que la sienne concourent à sa mort. On peut le comprendre. Mais dans les histoires que raconte le panthéon hindou, c'est le dieu lui-même qui est le sacrifice. Mieux, il est l'organisation même du sacrifice. De cette organisation minutieuse qui est l'essence du dieu, naîtront les autres dieux, viendra la création.

Prajapati veut des enfants et pratique le fameux sacrifice des Cinq Feux. Cinq dieux en naissent : le feu, le vent, le soleil, la lune et l'aurore. L'aurore devient une nymphe et sous le coup du désir, ses frères éjaculent. Excités par un désir incestueux comme Brahma lorgnant sa fille Saraswati, les nouveau-nés lâchent du sperme. Prajapati, le papa, recueille la semence dans un récipient d'or, et, de la semence des quatre frères de l'aurore, naîtra un dieu à mille yeux et mille pieds, porteur de mille flèches : Shiva.

Dès qu'un dieu créateur se pose là, au sens littéral du terme, alors, par une sorte de miracle utilisant la semence ou le souffle ou le vent, apparaît le désordre. Je pose et je détruis. Je pose et je détruis, mais je maintiens. C'est dans l'articulation entre la destruction et le maintien que se situe le mythe hindou du déluge dans lequel nous allons retrouver nos trois gaillards à l'œuvre, Brahma, Vishnou, Shiva.

3

Sous l'océan de lait, les choses cachées depuis la fondation du monde

Au cœur d'un enchevêtrement de causes et d'effets qui ligotent les trois dieux de l'Univers, Brahma, le créateur, Shiva, le destructeur, et Vishnou, l'équilibre, nous avons été engloutis au passage par les eaux d'une pluie torrentielle succédant à un incendie.

Un déluge.

Pour la première fois, à cause du déluge, apparaît un homme pourvu d'un nom, Manu. Certains disent que Manu est un dieu, d'autres que Manu est un nom collectif représentant tous les hommes, et enfin, il s'en trouve d'autres pour dire que Manu est simplement un homme. C'est en tout cas à cet homme nommé Manu qu'on attribue les lois mythiques qui furent le premier code civil de toute l'humanité, et qui fut promulgué en Inde.

Mais dans l'histoire qui nous occupe, Manu est également une sorte de Noé.

L'Homme et le poisson

L'homme Manu se lave à l'aube et, dans l'eau de son *lota* – le lota est un petit récipient en laiton ou en cuivre pour ablutions intimes –, gigote un tout petit poisson qui lui demande de l'aide. En échange, le poisson le sauvera d'une catastrophe à venir, dont il dit qu'elle va s'appeler déluge. Pour le mettre à l'aise, Manu, très sagement, place le petit poisson dans un plus grand récipient, mais le poisson grandit tant et si bien que Manu le place dans une bassine, puis dans un fossé, puis le poisson grandissant de plus en plus, il le met dans l'océan.

Le poisson s'appelle Matsya : en sanskrit, le poisson.

Pour remercier l'homme Manu, Matsya le poisson lui annonce la date du déluge et, pour l'en prémunir, lui conseille de construire un bateau. Manu obtempère. Ensuite Matsya, pourvu d'une corne courbe – un poisson à corne ! –, laisse Manu amarrer son bateau à son solide appendice, avec une bien étrange amarre : cette corde vivante n'est autre que le fameux serpent sur lequel Vishnou s'est endormi, Sesa, roi des naga.

En Inde, on ne parle pas de « la loi de la jungle », on parle de « la loi des poissons ». Le sens reste le même : les plus gros mangent les plus petits. Comme la loi de la jungle, la loi des poissons s'oppose au pouvoir régulateur des rois ou des gouvernements ; la loi des poissons, c'est la sauvagerie et la barbarie. Manu, le premier homme, sera la bonne personne pour contrarier la loi des poissons – j'observe avec bonheur que Matsya le poisson est complice de la lutte contre la loi des poissons. Manu embarque donc sur son bateau, exactement comme Noé dans la Bible, toutes les graines et toutes les créatures vivantes.

Plus tard, le poisson salvateur se découvre comme l'une des apparitions terrestres du dieu Vishnou. Il est ce qu'on appelle une des « descentes » de Vishnou ou encore, et c'est le mot le plus connu, un avatar.

Mais ce n'est pas fini. Une fois l'humanité sauvée, les forces du désordre entrent en action.

Puissance de la révolte

Voici l'histoire d'un démon qui porte un nom compliqué, Hiranyakashipu. Il est le roi des anti-dieux. Les anti-dieux, en sanskrit *Asura*, qu'on peut traduire par « démons », sont des rebelles en lutte contre les Deva. D'un côté les Deva, de l'autre les Asura. Et celui-là, Hiranyakashipu, est le plus puissant des anti-dieux.

Le propre des anti-dieux, c'est que, jaloux des dieux, ils sont toujours prêts à leur prendre le pouvoir. Mais lorsqu'un anti-dieu se livre à suffisamment de pratiques macératoires dans le but d'obtenir satisfaction, on n'a pas le choix, on est obligé de lui céder. Personne n'a le choix. C'est la loi du yoga, et non celle des poissons.

Hiranyakashipu, qui connaît son monde, commence à faire des austérités pour obtenir les faveurs de Brahma. Il pratique notamment l'ascèse des Cinq Feux, et il dégage tellement de chaleur autour de lui que les Deva demandent à Brahma de s'occuper de l'importun. Brahma, et personne d'autre. C'est la loi ! Puisque l'importun prie Brahma, c'est à Brahma de s'en occuper.

Obéissant aux règles, Brahma apparaît donc à Hiranyakashipu qui obtient ce qu'il veut. Il a tout prévu. Hiranyakashipu obtient l'invulnérabilité.

Mais attention ! Conformément au règlement, l'invulnérabilité que demande le roi des anti-dieux est très précisément définie. Il a mûrement réfléchi, ce roi. Quoi qu'il advienne, Hiranyakashipu ne sera tué ni par un homme ni par un animal, ni par une créature de Brahma, ni de jour ni de nuit, ni sur terre ni en l'air. L'Asura pense qu'ainsi, il est bien protégé. (On va le voir, il se trompe.) Ce n'est pas tout. Hiranyakashipu obtient également l'égalité avec Brahma et il obtient enfin de pouvoir pratiquer des ascétismes que personne d'autre ne pourra pratiquer – c'est une garantie.

Brahma dit oui à tout. Comme patron des brahmanes, il est obligé d'accepter les demandes d'un ascète. Il fait de plus en plus chaud ! Les Deva, qui suffoquent, sont pris au piège. Alors, qui peut les sauver ?

En cas de danger absolu, Vishnou prépare un de ses avatars. Nous sommes dans un danger absolu. Vishnou va donc se charger de l'importun dont les exercices ascétiques déclenchent une chaleur formidable.

En tous les cas, puisque l'adversaire a tout prévu et qu'il est invulnérable, il va falloir ruser. Vishnou prévoit donc de « descendre » sous une forme inattendue, (on ne sait pas encore laquelle) mais seulement, décide-t-il, quand le fils d'Hiranyakashipu sera maltraité par son père au point de risquer la mort.

Vishnou a ses raisons. Hiranyakashipu déteste profondément Vishnou, mais il a un fils qui déteste son père. Naturellement, en bonne logique, ce fils est en adoration devant Vishnou.

Furieux de la trahison de son fils, Hiranyakashipu commence à le maltraiter. Il le jette à l'eau ligoté, en vain ; il lui fait toutes sortes de misères, en vain. L'enfant survit. Il finit par le mettre à l'épreuve et le somme de renoncer à Vishnou, ou de périr. En vain. Le fils tient bon. Vishnou apparaît lorsque le malheureux enfant risque d'être mis à mort.

Il apparaît sous la forme d'un homme à tête de lion – donc ni homme ni animal. Il apparaît au crépuscule –

donc ni jour ni nuit. Il attrape Hiranyakashipu et le tue sur ses cuisses – ni sur terre ni en l'air.

Vishnou n'est pas une créature de Brahma. Cet homme à tête de lion qu'on appelle Narasimha n'est pas non plus une créature de Brahma. L'anti-dieu n'est pas tué par un animal, ni par un homme ni par une créature de Brahma, ni de jour ni de nuit, ni sur terre ni en l'air. Les dieux de l'Inde ont cette particularité d'être extrêmement pointilleux sur le règlement.

Lié par les accords entre Brahma et l'anti-dieu, Vishnou les contourne. Sans concessions : il déchire l'anti-dieu tout vivant. Et pourtant, c'est le même dieu d'équilibre que nous avons vu endormi d'un sommeil yoguique.

Les dix incarnations de Vishnou

Vishnou est un dieu souriant, lumineux, bienveillant, qui ne condescend à s'incarner dans le monde que quand la situation est vraiment désespérée. C'est arrivé, dix fois. Cela peut recommencer à tout moment.

Les dix avatars de Vishnou sont fréquemment représentés en Inde, toujours énumérés dans l'ordre chronologique de leur apparition, et nous en connaissons déjà deux. Matsya le poisson, et Narasimha, l'homme-lion.

Le premier avatar de Vishnou, c'est le poisson qui sauva Manu avec sa corne.

Le deuxième avatar, c'est Kurma, la tortue. Kurma apparaît à la fin du déluge, qui a tout dévasté. Comme il ne reste rien, Vishnou-tortue plonge au fond des eaux pour retrouver les choses perdues depuis la fondation du monde. Ayant touché le fond de l'océan, il remonte de l'eau pourvu d'une montagne suffisamment élevée pour servir de baratte à l'océan.

Baratter l'océan ? Qu'est-ce que cela veut dire ? C'est une des images les plus sidérantes de toute l'histoire des dieux de l'Inde. Après le déluge, ils ont faim. Il n'y a plus rien à manger pour les dieux ni pour les anti-dieux. Leur nourriture est l'ambroisie, un nectar appelé *amrita*.

Comme la situation est grave, les dieux et les anti-dieux (Deva et Asura) se coalisent pour trouver l'ambroisie. Ensemble, ils vont baratter l'océan en utilisant la montagne comme pivot, avec l'aide du fameux serpent Sesa qui servira de coque pour enceindre la baratte. Car l'océan est une mer de lait.

Imaginez. D'un côté les dieux, de l'autre les anti-dieux, au milieu la montagne, autour de la montagne le serpent, et voilà les deux clans ennemis qui se mettent à baratter la mer de lait. Vishnou, sous la forme de la tortue Kurma, supporte le barattage, les dieux, les anti-dieux et le serpent Sesa.

Mais avant l'ambroisie, jaillissent toutes sortes de choses de la mer de lait : la vache sacrée, la déesse du vin, l'arbre du paradis (pas l'ambroisie), le croissant de lune qui sera la future coiffure de Shiva, un poison toxique (mais pas l'ambroisie), un cheval blanc, la déesse de la beauté, parèdre de Vishnou, qu'on appelle Lakshmi, l'éléphant qui deviendra la monture du roi des dieux, les nymphes (toujours pas d'ambroisie)… Dix choses perdues depuis la création du monde remontent avec le barattage de la mer de lait, et enfin sort le médecin divin tenant une coupe d'ambroisie qui, naturellement, sera fort disputée.

Le troisième avatar de Vishnou est le sanglier, Varaha. Vishnou avec une tête de sanglier est une figure très familière en Inde. Varaha remonte la terre engloutie par les eaux du déluge. La tortue servait de support au barratage de l'océan, mais le sanglier sert à remonter la terre elle-même sur ses puissantes défenses.

Le suivant, nous le connaissons. C'est Narasimha, l'homme-lion, celui qui déchiquette Hiranyakashipu sur ses cuisses.

Ensuite vient le nain, Vamana.

C'est une histoire un peu complexe. Il y a toujours un Asura pour fomenter une révolte contre l'ordre du monde, toujours un trublion qu'il faut réduire à néant. Le petit-fils d'Hiranyakashipu, le roi Bali, a été rendu invincible par son précepteur. Il est aussi dangereux que son mauvais grand-père et une fois de plus (cela arrive tout le temps) le roi des Deva, Indra, appelle Vishnou à l'aide.

Pour le réduire, Vishnou se transforme en étudiant brahmane et nain. Le grand dieu se présente donc sous la forme d'un tout petit bonhomme, avec sa petite ombrelle et son lota.

Ce jour-là, à l'occasion d'un sacrifice, le roi Bali a décidé d'exaucer les demandes qui lui sont présentées. Arrive le petit brahmane qui demande un terrain grand comme trois de ses minuscules enjambées de nain. Le précepteur avisé avertit : « Attention, ce n'est pas un brahmane nain, c'est Vishnou, il ne faut pas lui céder. » Mais Bali est tellement orgueilleux qu'il désobéit à son précepteur, et il exauce les vœux du nain.

« Hélas ! dit le précepteur. Trop tard ! »

Vishnou grandit, grandit, grandit, se révèle dans toute sa splendeur. En un pas, il couvre la terre, en deux pas, il couvre le ciel, et du troisième pas...

Eh bien, Vishnou ne sait pas quoi faire, car il a couvert tout l'espace disponible. Vishnou a un pied en l'air et ne sait pas où le mettre ! Et quand un dieu s'est engagé à quelque chose, faire trois pas, par exemple, même si c'est une bêtise, c'est réglementaire. Vishnou doit impérativement poser le pied quelque part, faire son troisième pas. Il faut trouver une solution. Alors le roi Bali, le fautif, s'allonge et pose sa tête sous le pied de Vishnou.

Tout est bien qui finit bien. D'une part, Vishnou sait où poser son troisième pas. Mais d'autre part, selon le règlement, laisser quelqu'un poser le pied sur votre tête est un signe de soumission absolue. Bali, l'anti-dieu repenti, sera sauvé et retrouvera son trône.

Les avatars six et sept portent tous les deux le nom de Rama. Comme j'y reviendrai abondamment, je me permets de passer leur tour. Le huitième est Krishna, sur lequel je reviendrai également. Quant aux derniers avatars de Vishnou, neuf et dix, ils sont inattendus. Et pourtant !

Le neuvième avatar de Vishnou, c'est Bouddha. Inutile de dire que le prince Gautama, personnage réel, est une figure historique, et non un dieu imaginaire. Les brahmanes ont récupéré la grande figure de Bouddha, qui avait pourtant fondé sa propre religion en contestant la religion hindoue. Quelquefois, à côté de Bouddha, on trouve Jésus-Christ, mais ce n'est pas très réglementaire.

Enfin, le dixième et dernier avatar de Vishnou s'appelle Kalki. Kalki est le nom du fameux cheval blanc jailli de la mer de lait pendant le barattage de l'océan. Le cheval Kalki est la monture que chevauchera Vishnou le jour de la fin des temps, armé d'une épée qui foudroie les impurs.

J'ai éprouvé une très grande émotion quand j'ai identifié pour la première fois dans les postures d'une danseuse de Bharat Natyam les dix incarnations de Vishnou. La danseuse, une jeune fille, doit passer par tous ces avatars. Elle devient donc tortue, sanglier, cheval blanc. Devenir Krishna, c'est facile, il suffit de se croiser une jambe devant l'autre, de se déhancher légèrement et de poser une flûte imaginaire dans ses doigts à hauteur de l'épaule, mais devenir poisson, tortue, homme-lion, sanglier, nain, Bouddha, cheval, c'est une autre affaire ! Et les danseuses indiennes de Bharat Natyam le font admirablement.

Harihara

J'ai sous les yeux une gouache Kangra du XVIIIe siècle sur papier, et je vois au milieu de l'espace, à gauche, tenant une conque et un disque meurtrier, une moitié de Vishnou à peau bleue. À droite, tenant un bol à aumônes et un trident meurtrier, se tient une moitié de Shiva, à peau blanche. C'est Harihara.

Harihara : une combinatoire entre Vishnou et Shiva, avec, au creux de la paume de Shiva, la tête de Brahma, celle qui lui a servi de bol à aumônes. Hari, c'est Vishnou et Hara, c'est Shiva.

Ils sont accolés l'un à l'autre, divisés par une ligne verticale, une moitié de Vishnou et une moitié de Shiva, avec chacun leur instrument de mort, le disque pour Vishnou, le trident pour Shiva, l'un et l'autre maintenus dans un très étrange duo où la conservation et la destruction se tournent le dos.

Ce sont deux grandes figures du yoga. Vishnou est le yogi du sacrifice, mais ce sacrifice se déroule dans le monde des hommes. Shiva, c'est tout le contraire. C'est le grand yogi à l'écart du monde des hommes.

Charles Malamoud, dont les écrits sur l'Inde védique sont lumineux et clairs, parle du monde des hommes et de l'ensemble du territoire de Vishnou comme du « village ». Le village, c'est la société, le monde de la famille et du travail. Au contraire, à l'écart du monde des hommes, chemine le trajet ascétique du renoncement : c'est la forêt. Et l'on a dans cette superbe image, accolés l'un à l'autre, le Shiva des forêts et le Vishnou des villes.

4

Shiva, le danseur mal élevé

Sauveur du monde

Je ne peux me défaire d'un certain enthousiasme au moment d'aborder mon dieu préféré. Pourquoi est-il si aimable à la fin, alors qu'il est d'abord si désagréable ? Eh bien, il est sauvage, il est paradoxal, il est farouche, il est très mal élevé, c'est peut-être pour cela qu'il est plaisant. Il est inattendu.

Pourtant, je déteste tout ce qui est nihiliste. Alors ? Alors Shiva n'est pas une divinité du néant ; c'en est même le contraire. Mais dans un système aussi corseté que l'hindouisme, qui a partie liée avec le très inégalitaire système des castes, Shiva est celui qui donne de l'air, desserre les liens et ouvre les portes.

Comment se présente-t-il ? Toujours comme un ascète nu, drapé dans une peau de bête avec, en collier, un cobra dissimulant une tache bleue sur la peau de la gorge du dieu : cette tache fut causée par le poison toxique jailli des profondeurs de l'océan. Quand des choses perdues depuis la fondation du monde jaillissent à l'occasion du barattage monumental des dieux et des anti-dieux qui se servent d'une montagne pour pivot, se diffuse une émanation toxique tellement dangereuse que Shiva l'avale pour sauver le monde.

Sauver le monde, il sait faire. C'est un dieu courageux. Aux mains, il a tout d'abord son trident, le *trishul*, puis le bol à aumônes que nous connaissons bien, une hache et, souvent, un animal à cornes qu'il tient comme cela, par une patte, car Shiva est le seigneur du bétail, *Pasupati*. *Pasu,* c'est le bétail, mais c'est également l'homme, tous deux bons pour le sacrifice.

Une fille dans les cheveux

Regardons la tête de Shiva. Il a sur le sommet du crâne le chignon que portent les ascètes, une sorte de boucle qui ressemble à la coiffure de Simone Signoret dans *Casque d'or*. Et dans ce chignon haut roulé apparaissent le croissant de lune jailli de la mer de lait, et une toute petite tête de femme mignonne, qui crache de l'eau.

Qui est cette jolie petite tête de femme crachant l'eau ? Eh bien, c'est Ganga, la déesse du Gange.

Je l'ai découverte dans les bandes dessinées. Pour faire connaissance avec les dieux, on peut acheter en Inde ce qui s'appelle en anglais les *comics* et qui chez nous s'appelle bandes dessinées, petits cahiers à trois sous qu'on trouve dans les gares, par exemple. C'est merveilleusement dessiné, avec des bulles en anglais, ou bien dans l'une des dix-huit langues de l'Inde. J'ai donc découvert dans une bande dessinée la fameuse descente du Gange figurée sur le site de Mahaballipuram sous la forme d'une gigantesque fresque sculptée.

La descente du Gange est l'histoire de Ganga.

Elle vit dans les cieux. C'est une jeune déesse, peut-être une fillette. Elle est insupportable. Elle habite peut-être l'un des orteils de Vishnou. Et elle ne fait rien de particulier au ciel sur l'orteil de Vishnou.

Mais il se trouve que, sur terre, un roi a deux femmes et pas d'enfants, et qu'après les macérations de rigueur, le dieu Shiva lui accorde soixante mille fils pour une épouse, et un seul fils pour l'autre épouse. Pour l'heure, tout va bien. Quand un roi est stérile, il prie, le dieu le récompense, il n'y a pas de quoi fouetter un chat, encore moins faire descendre Ganga.

Le fils unique de cette épouse est si nul qu'il faut l'exiler, mais par chance, le fils de ce fils est pieux. Quant aux soixante mille fils de l'autre épouse, ils ne naissent pas naturellement. Selon les prescriptions divines, il faut extraire d'une citrouille soixante mille graines qu'on plante dans des pots de beurre clarifié. Une fois germées, les graines donnent des enfants. C'est la première fois que nous rencontrons chez les hommes des naissances végétales, mais nous en verrons d'autres.

Quand ses fils sont adultes, le roi célèbre un sacrifice très particulier, *ashvameda,* le sacrifice de cheval. Ce grand sacrifice qui n'existe plus depuis longtemps obéit à un long protocole extrêmement rigoureux.

Le roi choisit le plus beau de ses étalons et le libère. Pendant un an, l'étalon du roi circule en liberté, protégé par ses fils, les princes. Le territoire parcouru par l'étalon errant est la propriété du roi. Une fois que l'étalon rentre aux pâturages, soigneusement protégé par les princes qui l'encadrent, il est sacrifié.

On l'étouffe sans faire couler le sang, on jette sur le cadavre encore chaud une couverture, et, cachées sous l'étoffe, les reines miment un coït avec le cheval mort. C'est un rite qui a fait couler des tonnes d'encre et sur lequel, hélas, on ne sait pas grand-chose.

Dans l'histoire du roi aux soixante mille fils, le rite échoue lamentablement. L'étalon de leur père, les soixante mille fils l'ont perdu. Ils le cherchent partout avec beaucoup d'efforts, mais quand ils le retrouvent, l'étalon est en train de paître auprès d'un sage en pleine méditation.

Le sage s'appelle Kapila et c'est une figure de Vishnou.

Et alors, catastrophe ! Les soixante mille fils insultent Kapila. Sorti brutalement de sa méditation, Kapila ne fait pas de détail et en un seul regard, il les carbonise. Ne jamais déranger un sage qui médite, son coup d'œil est toujours dangereux. En un seul regard, soixante mille princes en cendres.

L'étalon est toujours en liberté. Le malheureux roi est en pleine détresse et c'est son petit-fils, le pieux, fils du fils unique qu'il a eu de sa première épouse, qui sauvera la situation. Il retrouve Kapila, se prosterne devant lui, récupère le cheval ainsi que la promesse de faire renaître ses soixante mille oncles de leurs cendres. Ce n'est pas grand-chose, mais c'est toujours ça de pris.

Et la déesse Ganga ?

Elle n'est plus très loin.

Parce qu'avant de les faire renaître, il faut les purifier dans un fleuve sacré, le petit-fils du roi n'arrivera pas à ressusciter ses oncles. Son fils non plus. Mais son petit-fils, arrière-arrière-petit-fils du roi, y parviendra. Il s'appelle Bhagirat et c'est le seul héros dont le nom est vraiment connu dans cette famille.

Son équation est simple. Pour ressusciter ses oncles, il faut d'abord les purifier. Pour les purifier, il faut de l'eau. Or il n'y a plus d'eau. Bhagirat se met donc en prière sur une jambe et au bout de longs siècles, il s'attire les bonnes grâces de la déesse Ganga. Séduite par les ascèses de Bhagirat, elle accepte de descendre sur terre. Nous y sommes.

Seulement, Ganga, c'est le fleuve et c'est une malicieuse. Dans les bandes dessinées, cette petite gamine s'amuse énormément : « Ah oui, dit-elle dans une bulle, je veux bien descendre, moi, je veux bien sauter, mais je vous préviens, je vais inonder la Terre, je veux faire du dégât ! » Et c'est en effet ce qui risque d'arriver.

Le malheureux Bhagirat veut éviter cette catastrophe. Il faut qu'il se remette en méditation sur une jambe et qu'il supplie un dieu de lui venir en aide. Il choisit Shiva.

Voici donc Bhagirat perché sur une patte pour convaincre Shiva de se placer sous la voûte du ciel et d'attraper Ganga dans ses cheveux à l'instant où elle va sauter. Et Shiva se poste sous le ciel.

J'ai vu à Bénarès une représentation magnifique de la descente du Gange, sur les quais, non loin de Manikarnika, le principal ghât de crémation.

Cette représentation, donnée par un petit théâtre ambulant, a été filmée par Alain Lasfargues, grand documentariste, à l'occasion d'un documentaire sur le Gange dans une série consacrée aux fleuves du monde. Pour décor, la troupe avait placé, sur des piquets, des draps blancs dont les sommets pliés figuraient les monts neigeux des Himalayas.

L'acteur qui jouait Shiva était réglementaire, avec un cobra de carton autour du cou, un chignon en étoupe, une peau de tigre en synthétique ; Bhagirat se tenait perché sur une jambe, et Ganga, la charmante, drapée dans un sari rouge, descendait en agitant les bras pour figurer les vagues de ses eaux.

Un chanteur, accompagné d'un petit orchestre, racontait le mythe devant la foule assemblée, et c'était si simplement fait que la chose paraissait vivante.

On la voyait vraiment, la scène la plus fameuse de toute la mythologie indienne.

La descente de Ganga

Shiva se tient debout sous le ciel, jambes écartées, son trident à la main. La déesse Ganga vient de sauter. Shiva lève la tête, et la déesse Ganga tombe dans son chignon où elle est prisonnière. Mais ses eaux se déversent, et son cours se transforme en rivière apaisée qui coule tout doucement sur les épaules de Shiva, et des épaules de Shiva à la terre où elle devient le fleuve, le Gange.

Une partie de Ganga reste prise dans le chignon de Shiva. C'est pour cette raison qu'on voit, dans la chevelure de Shiva, la petite tête de cette charmante fillette qui continue à cracher de l'eau.

Elle grandira. Devenue le fleuve, mère de toutes les eaux douces, matrice de tous les fleuves, des rivières, des ruisseaux, Ganga est une femme séduisante (nous découvrirons bientôt ses aventures), mais une partie d'elle est restée fillette, prise dans les cheveux du dieu. J'aime ce dieu qui a une petite fille dans les cheveux.

Les amours d'un sauvage

Shiva est un dieu ascétique, mais il lui arrive de se marier, deux fois. Deux fois, ou une seule fois ? Eh bien, cela dépend.

Shiva épouse une femme qui s'appelle Sati. Le père de Sati est né de la sueur de honte du vieux Brahma, quand il s'est aperçu qu'il désirait sa fille, au moment où les têtes de l'inceste poussaient pour mieux la voir tourner autour de lui. Sati est donc la petite-fille de Brahma.

Il se trouve qu'elle épouse Shiva contre l'accord de son père. Certes, ellc en a le droit. Le mariage choisi est l'une des formes possibles des mariages hindous, quoique, dans la vraie vie, un mariage en Inde est forcément arrangé avec l'accord des parents. Elle en a le droit, mais le père est furieux. Il est intéressant que ces deux-là, Shiva et Sati, se marient sans le consentement des familles : Roméo et Juliette dans les Himalayas, à l'échelle de l'ouragan.

Un jour le père (né de la sueur de honte de Brahma) organise une grande cérémonie de sacrifice où il invite tous les dieux. Tous sauf un, son gendre, le dieu Shiva. Le beau-père explique qu'il ne peut pas inviter ce gendre-là, un malpropre qui ne se lave pas les cheveux, qui arbore des colliers de têtes mortes et qui, par-dessus le marché, porte à la main un des crânes de son père ! (La fameuse tête de Brahma.)

Les ascètes ne se lavent jamais les cheveux, c'est la règle. Au bout de quelques années, leurs mèches ressemblent à des dreadlocks, certaines atteignent plusieurs mètres. Au toucher, on dirait de l'étoupe. Ainsi traitée, la chevelure n'a rien d'humain. Elle est devenue végétale, de la corde. Shiva ne se lave jamais les cheveux.

Les bandes dessinées sont éloquentes. Avant de constater qu'ils ne sont pas invités, Shiva et Sati arrivent en cortège. Les cortèges des autres dieux sont fastueux. Mais Shiva, lui, arrive sur son taureau blanc, enlaçant étroitement sa femme juchée sur l'échine de l'animal. Mal élevé, vous dis-je.

Son beau-père le flanque à la porte.

La réaction de Sati est littéralement foudroyante. Pour punir son père, elle se retire au nord de l'espace du sacrifice, se met en méditation, s'enflamme d'elle-même et meurt.

Inévitablement, on pense au rituel fameux des *satis*, car Sati est le nom divinisé des femmes qui se brûlent elles-mêmes sur le bûcher de leur mari. On aurait tendance à penser que ces femmes qui se font brûler vives trouvent leur origine dans la fameuse épouse de Shiva. Or c'est un rapprochement hâtif. Catherine Weinberger-Thomas explique très bien cela dans *Cendres d'immortalité*. Car Shiva n'est pas mort, donc Sati ne se suicide pas, l'incendie qui la dévore n'est pas un sacrifice destiné à obtenir l'immortalité en rejoignant son cher défunt. Le suicide de la déesse Sati, épouse de Shiva, est ce qu'on appelle un suicide de protestation.

Les suicides de protestation sont fréquents. J'étais en Inde quand une centaine de jeunes étudiants brahmanes se sont suicidés par le feu, en 1988, pour protester contre un décret d'augmentation des quotas des aborigènes, des Intouchables et des basses castes dans la fonction publique. C'était pathétique ! Les étudiants se sentaient menacés dans leurs emplois futurs, et ils se suicidaient devant l'Université.

Shiva fol

Sati est morte. Shiva est désespéré. Et le deuil de Shiva est si effrayant qu'il s'appelle « la folie de Shiva », comme on dit « Tristan fol » dans le mythe celtique de Tristan et Iseult. On pourrait dire « Shiva fol ».

Il danse avec le corps de Sati. Il danse et la terre tremble. Pour l'arrêter, Vishnou lance son disque. Le disque de mort découpe en morceaux le cadavre de Sati. Mais Shiva danse toujours, il tournoie avec sa femme morte, et Vishnou continue à lancer son disque, et le corps se répand partout. Les morceaux de la malheureuse Sati tombent dans cent huit endroits sur la terre de l'Inde. En Assam, le vagin de Sati a bleui la montagne désormais vénérée, et dans cent huit sanctuaires, on vénère les parcelles de Sati.

Shiva danse toujours. Et ça ne peut pas durer, d'autant moins qu'un démon, comme par hasard, dévaste la terre à ce moment-là. Le deuil de Shiva fol menace l'humanité. C'est l'instant où Vishnou intervient.

Mais il n'a pas besoin d'un avatar. Vishnou décide d'envoyer sa sœur Parvati pour séduire Shiva et devenir la deuxième épouse du dieu. Il lui est également demandé de procréer le plus grand des guerriers.

Parvati commence à se mettre en méditation. Comme nous le savons, pour séduire un dieu, il faut méditer. Mais pour séduire Shiva en deuil, l'ascèse de Parvati doit aller aux extrêmes.

Elle est tellement immobile qu'elle se transforme en végétal. Il lui pousse des feuilles à la place des doigts, il lui pousse de la boue sur le corps. Comme elle n'a plus bougé, elle devient ligneuse, elle devient un arbre. Et lorsqu'elle est à la période où l'arbre n'a presque plus de sève, Shiva consent à laisser le corps de sa femme, du moins ce qu'il en reste, et jette un œil compatissant sur Parvati qu'il épouse.

Comme il a beaucoup dansé et qu'il n'a pas copulé depuis fort longtemps, il se jette sur Parvati, dont il ne sait pas que c'est une réincarnation de Sati.

Coïtus interruptus

On se souvient que Parvati a pour mission de procréer le plus grand des guerriers. Mais Shiva est tellement absorbé par sa nouvelle épouse, tellement emboîté dans Parvati que leur accouplement dure mille ans. Et pendant ce temps, le démon ravage toujours la terre. Que faire ? Il faut que Shiva éjacule, et que le guerrier naisse. Il y a urgence !

Unanimes, les dieux envoient le Feu troubler Shiva. Hélas ! Au lieu d'éjaculer dans le vagin de sa femme, Shiva, tout surpris, éjacule en dehors du corps de Parvati et le sperme tombe dans l'eau du Gange. Ce n'est pas cette fois-ci qu'il donnera naissance au terrible guerrier qui aurait dû débarrasser la terre de son démon.

Shiva est un dieu extrêmement sexuel.

On ne peut pas dire qu'il soit jouisseur puisqu'au contraire, il est le dieu de la rétention du sperme. Et la rétention du sperme, comme nous le verrons bientôt, est un des exercices les plus travaillés en Inde, extraordinairement ancré dans les consciences des élites et dans l'imaginaire collectif. Tous les ascètes apprennent à retenir leur sperme, mais quand ils s'accouplent, leur éjaculation touche au divin, toujours. Ainsi du sperme de Shiva, le plus puissant de tous les spermes, si chaud qu'il brûle comme le feu.

Qu'arrive-t-il au sperme tombé au Gange ? Eh bien, il est aux mains de la Ganga. C'est la même déesse, dont une partie est sur terre sous la forme du fleuve, et l'autre, prisonnière dans le chignon de Shiva. Elle ne laissera pas le sperme sans emploi.

L'amour de Shiva pour sa ville

À cause de cette déesse dont il a gardé la tête dans les cheveux, Shiva est très amoureux d'une ville sur le Gange.

La ville bien-aimée de Shiva s'appelle Kashi. C'est le nom de la ceinture de pèlerinage qui encadre la ville de Bénarès, longue route sinueuse à travers la campagne, ponctuée de caravansérails pour les pèlerins.

Kashi est également le cœur le plus sacré de la ville sainte, l'ensemble des champs de crémation sur lesquels Shiva murmure la formule du dernier soupir à l'oreille de ceux qui meurent sur les rives du Gange. Car Shiva aime tellement Kashi que cette formule, son célèbre mantra, délivre les mourants du cycle des renaissances. Comme les purs Deva pendant le feu de la création première, les agonisants qui rendent l'âme à Kashi échappent aux réincarnations.

Mais il faut vraiment mourir au bord du Gange, dans cette ville. À cinquante kilomètres, ça ne va pas. On doit prévoir d'être brûlé sur le champ de crémation de *Dashashvameda* – dix fois le sacrifice du cheval –, pour bénéficier pleinement du mantra de la délivrance.

Il faut du temps pour comprendre que le désir le plus profond d'un hindou orthodoxe, c'est de ne plus renaître pour ne plus avoir affaire à la vie. Voilà pourquoi ce dieu farouche qui ne se lave pas les cheveux, qui est extrêmement brusque, qui danse avec la mort, porte un cobra au cou, et dont le sperme est brûlant comme le feu, est celui qui rend le plus grand service à un hindou qui meurt : le délivrer définitivement de l'existence.

C'est également à Varanasi, nom sanskrit de la ville de Bénarès, qu'on rencontre un grand nombre d'icônes représentant le phallus de Shiva, les *lingam*. Ce sont des pénis de pierre en érection enfoncés dans le *yoni*, le vagin, une pierre creuse, et le tout figure le phallus de Shiva dans le vagin de Parvati.

Mais le *linga*, c'est également le poteau sacrificiel. Un lien entre terre et ciel. Et quel lien !

Brahma, Shiva et Vishnou s'amusent comme des gamins. Entre Brahma et Vishnou se dresse le phallus de Shiva, un immense poteau de lumière. Brahma et Vishnou jouent à qui va trouver le premier l'extrémité du phallus, soit en haut, soit en bas. Pendant que l'un descend, l'autre monte, mais aucun des deux ne trouve ni la racine ni le sommet du phallus de Shiva.

5

Mères tendres, mères féroces

Shiva est l'un des rares dieux totalement bisexuels.

Tous les dieux sont un peu bisexuels, puisque la bisexualité psychique relève de la vie quotidienne en Inde, si commune qu'on n'y prête plus attention. Mais seul Shiva présente une figure rituellement partagée par la moitié. Comme dans Harihara, la figure mi-Vishnou mi-Shiva, Shiva est partagé de la tête aux pieds en une moitié femme, et une moitié homme.

La moitié de son chignon est d'un ascète, l'autre moitié est piquée d'un bijou. Une de ses oreilles n'a rien, l'autre, une boucle d'oreille. D'un côté le torse de Shiva est plat, de l'autre il porte un sein. Ainsi jusqu'aux orteils, dont l'annulaire, le féminin, porte une bague. Cette ravissante figure de Shiva bisexuel s'appelle Ardhanarishvara.

Mais si le dieu Shiva peut se montrer sous la figure d'une demi-femme, c'est que l'énergie féminine est première dans la divinité. Je ne parle pas des dieux ni des divinités, mais de la divinité en soi. Dieu de la vie et de la mort, Shiva est le mieux placé pour héberger et rendre manifeste sa partie femme.

La grande déesse première

Toutes les déesses de l'Inde se ramènent à une seule dont le nom est déesse, *Devi*. Toutes les déesses de l'Inde possèdent la même énergie, dont le nom est *Shakti*. Il y a une seule force féminine considérable, qui se dédouble, qui se divise, informe et irrigue les dieux mâles. Mais s'il y a trois grandes figures de dieux masculins, il n'y a qu'une seule énergie féminine.

Avant le commencement des temps, dans la cosmologie des origines, elle s'appelait *Aditi*, la sans-limites, la libre, matrice sans contours. Généreuse, donneuse de vie, dispensatrice de nourriture, cette force est sacrificielle. Et cependant, cette force – Shakti, Aditi, Devi – est également colérique, meurtrière, porteuse d'épidémies et de mort. Cette colère, nous l'avons vue à l'œuvre lorsque l'épouse de Shiva s'est embrasée sous l'effet d'une humiliation.

Étrange féminité ! Elle donne et tue. Elle se dévoue au risque de sa vie, mais elle massacre qui lui résiste. Elle se laisse meurtrir, elle se laisse mourir, mais une fois réveillée, sa cruauté est féroce. Il se trouva des gens pour penser qu'Aditi avait été la déesse reine, matriarche du panthéon hindou ; et qu'ensuite, après la défaite du matriarcat, Aditi et toutes les déesses femmes avaient été déchues de leurs splendeurs, réduites à cette force obscure qui tantôt martyrise, tantôt sauve les hommes.

Il n'en est rien. Les savants sont catégoriques : si l'on trouve en Inde quelques cultures polyandriques où la femme a plusieurs époux, le matriarcat est un mythe ; il n'a jamais eu de réalité concrète. Mais l'imaginaire, lui, se moque de la réalité. Et l'on verra la force des déesses, tantôt victimes, tantôt bourreaux, tuer avec un sourire d'ange et aller à la mort avec l'œil d'un démon.

La fille fracassée

Elle s'appelle Nidra. Elle est le sommeil de Vishnou, celle qui lui ferme les yeux. Un jour, Vishnou lui demande de s'incarner pour lui venir en aide. Le projet consiste à « descendre » à deux sur la terre.

Nidra descend dans le ventre d'une bouvière, Yasoda, tandis que Vishnou de son côté descend dans le ventre d'une dame qui s'appelle Devadasi et qui est la tante d'un anti-dieu.

Cet anti-dieu a l'habitude, comme le dieu grec Chronos, de détruire ses enfants à la naissance. Il ne les dévore pas, il les fracasse sur un rocher. Le projet de Vishnou consiste à sauver l'un des enfants de l'Asura.

Et qu'arrive-t-il à Nidra ? Elle n'est nullement prédestinée à être sauvée par le projet de Vishnou. Nidra subit le sort des enfants fracassés. Au moment où son corps nouveau-né se disloque, Nidra s'élance vers le ciel et renaît, vêtue de soie bleu-noir et jaune, vouée au célibat sur la montagne.

Devant cette histoire de fille détruite à la naissance, je ne peux m'empêcher de penser à la pulsion indienne dans le monde réel, le terrible infanticide des bébés filles. Certes, la coutume de l'infanticide officiel – si l'on peut dire – a disparu. On ne tue plus les bébés filles en Inde, comme on ne les tue plus en Chine. Mais…

J'étais en Inde lorsque l'amniocentèse a fait son apparition. Miracle pour la tradition ! Enfin un examen qui permettait de connaître à l'avance le sexe de l'enfant ! Assez tôt pour intervenir… Dans les familles aisées, on a pratiqué des amniocentèses par milliers. Résultat ? Des avortements de fœtus féminins par centaines de milliers.

L'amniocentèse a été interdite trop tard. Le déficit de filles est aujourd'hui de 10 % en Inde. Et l'on commence à voir les effets de cet infanticide qui existait dans la pensée mythique : car Vishnou qui s'incarne survit sous la figure d'un avatar, mais Nidra qui s'incarne ne survit pas sur terre.

Pauvre Nidra !

Deux anti-dieux, nés du creux des oreilles de Vishnou endormi – est-ce que ce n'est pas ravissant de faire naître des démons du cérumen d'un dieu ? – cherchent à tuer Brahma.

Brahma chante pour réveiller Vishnou et n'y parvenant pas, il s'adresse à Nidra, qui tient les paupières du dieu soigneusement fermées. Le chant de Brahma éveille finalement Nidra qui s'échappe de Vishnou en libérant son énergie. Les yeux du dieu endormi s'ouvrent enfin, de sorte qu'il peut détruire les démons menaçants.

La férocité de la belle Durga

C'est sous le nom de Durga que le culte de la déesse Devi est le plus populaire en Inde. J'ai évoqué cette belle femme brune, juchée sur un lion, qui tue un démon buffle sous ses pieds.

Qui est ce démon buffle ? C'est un anti-dieu, Mahisa. Il a un corps d'homme, une tête de bovidé et c'est un de ces multiples démons dont la mythologie de l'Inde est peuplée et qui, régulièrement, dévaste le pays des dieux.

Une fois de plus – c'est une scène récurrente –, les Deva vont en procession demander de l'aide à Vishnou. Une fois de plus, c'est Shiva qui s'y colle. Mais comme le démon buffle est un très puissant Asura, Shiva ne suffit pas, et les grands dieux se coalisent pour produire une fille de lumière qui sort fabuleusement armée : seize bras et seize armes.

À propos, que représentent ces bras multiples des divinités indiennes ? Tantôt quatre bras, tantôt six, tantôt huit, ici seize… Pourquoi les dieux indiens ont-ils tant de bras ? La réponse est d'une grande simplicité : le nombre de bras figure le mouvement. Plus le dieu a de bras, plus il va vite. Une déesse à seize bras est donc une déesse extrêmement mobile.

Les seize mains de Durga tourbillonnent dans les airs, ses seize armes scintillent, tranchent, découpent. À toute vitesse, Durga tue le démon buffle, mais elle a besoin de s'aider en buvant. La chose est assez rare pour qu'on s'interroge. Quelle boisson absorbe la grande Durga pour se donner du cœur au ventre et massacrer le démon buffle ? Le contexte laisse à penser qu'elle boit du vin. Du vin ! C'est le contraire de l'ascétisme. Cette déesse se déporte vers la transgression de l'interdit.

Il faut dire que son travail guerrier est loin d'être terminé.

Au démon buffle succèdent deux autres démons qui assaillent le trône des dieux. S'unissent alors sept forces féminines nées de sept divinités masculines : le lion que chevauche Durga, son front, ses trois parents – Brahma, Shiva, Vishnou –, Indra, le roi des dieux, et Skanda (dont nous parlerons bientôt). L'ensemble de ces sept forces féminines s'appelle les Sept Mères, très souvent représentées en Inde. Il faudra donc sept Mères pour venir à bout des deux nouveaux démons.

C'est un carnage. Tout ce joli monde maternel dévore l'un des démons. Un seul.

Pas l'autre, car chaque goutte de son sang qui tombe sur la terre fait lever des milliers de démons. La bataille est interminable ! Un démon buffle puis deux démons et le dernier, le pire, ces milliers de démons nés des gouttes de son sang… On n'en finira pas ! Alors Durga ordonne à l'une des Sept Mères d'ouvrir la bouche pour avaler le sang qui suinte de ce démon engendreur de démons. Et cette Mère à la bouche ouverte, cette avaleuse de sang, c'est la fameuse déesse Kâli.

Mère au double visage

Durga, Kâli. Déesses carnassières, des mères qui n'hésitent pas devant le meurtre et ne reculent pas devant l'impureté.

En voyant ces figures de déesses, particulièrement à Calcutta, j'ai souvent pensé que, comme dans les théories du psychanalyste anglais Winnicott ou de la psychanalyste Melanie Klein, Durga et Kâli représentaient deux figures de la Mère. L'une tendre, l'autre terrible. Même si Durga chevauche un lion, même si c'est une grande massacreuse, elle garde sur ses lèvres un éternel sourire, et son visage ne change pas d'expression. Durga est radieuse et bonne. Kâli, c'est le contraire. Elle ne connaît pas le repos. Toujours en colère, langue pendue, crocs blancs. Rien de tendre. Hystérique pour l'éternité, exaltée, ivre de rage, Kâli est une buveuse de sang. C'est l'autre figure de la Mère.

Ces deux visages de femmes évoquent l'ambivalence des sentiments maternels et de la vision qu'en a l'enfant, avec la violence du cru, celle du sang.

Un matricide organisé

La preuve ? Revenons à Calcutta pendant la semaine de leurs fêtes populaires, les Durgapuja et les Kâlipuja, extraordinairement violentes et tendres à la fois. À chaque carrefour et dans chaque rue se dressent leurs statues, d'innombrables Durga, d'innombrables Kâli de glaise peintes, habillées, bijoutées, souvent, des répliques d'actrices à la mode. Leurs icônes de terre crue mesurent de cinquante centimètres à quinze mètres.

Il y a tant de monde que la police installe des barrières de très gros bambous pour canaliser la foule qui vient reluquer les déesses. Les policiers surveillent, leur bâton ferré en main. S'agit-il de vénération ? Oui et non. On va les regarder, on les commente « Tiens, celle-là est mignonne, ah, celle-là n'est pas bien, celle-là est plutôt mieux », on les aime bien, on les admire, elles font partie de la famille.

Le septième jour, changement à vue.

Le septième jour, on détache très vite les bijoux qui resserviront l'an prochain, on enlève les saris, on déshabille les déesses avec une grande violence. On les dépose de leur socle nobiliaire, on les flanque, vlan ! n'importe comment, sur des brancards de bambou portés à bras d'hommes, et tout cela galope vers le Gange qui, dans Calcutta, s'appelle l'Hooghly. Et l'on voit des cortèges d'hommes qui trimballent en courant les pauvres déesses déshabillées, avec leur chair de glaise crue. À la va-comme-j'te-pousse jusqu'au fleuve et à l'eau ! On met les déesses à la baille.

Si le rite est bien observé, à l'instant où chaque statue touche l'eau, doit s'envoler un bel oiseau bleu qu'on a soigneusement gardé en cage, un geai du Bengale. Seules les grandes Maisons arrivent encore à le faire.

Ensuite, c'est la curée. On tape sur les déesses, on leur enfonce la tête sous l'eau, on les tabasse pour que toute cette glaise crue se dissolve dans l'eau. C'est un matricide incroyable.

Certes, il y a un récit. Mais ce récit ne justifie pas la violence avec laquelle les garçons de Calcutta se jettent sur les statues maternelles pour les enfoncer sous l'eau.

Elle n'est plus là

Le récit maintenant. Cette fois, Durga se confond avec Parvati.

Le septième jour, à la fin de la semaine, Durga, autre figure de Parvati, venue rendre visite à ses amis humains, repart dans l'Himalaya rejoindre son époux Shiva. C'est un récit minuscule pour une si grande violence.

Je me souviens avoir vu, dans une grande demeure de Calcutta, une jeune divorcée très touchante qui était retournée chez son père, ce qui, en Inde, ne se fait pas. L'immense statue de Durga se dressait dans le temple familial, au fond de la cour de la résidence. Tous les soirs pendant une semaine, la famille célébrait Durga. Mais le septième jour, la déesse repartait. Cette jeune femme pleurait à chaudes larmes quand le prêtre de la famille coupa le minuscule cordon sacré qui retenait la statue de la déesse dans le temple familial. Juste un coup de couteau sur un fil, un symbole dans l'instant, si précaire, si modeste…

Cette jeune femme pleurait après le fil brisé parce que d'un seul coup la déesse, sa déesse, n'était plus là.

Il y avait également un récit personnel dans les larmes de mon amie. Elle avait divorcé parce que son mari la battait, signe de grand courage dans un pays où l'hindouisme exige de l'épouse qu'elle traite l'époux comme son dieu. Divorcer, c'est un acte de vaillance. Toute la colère du monde s'exprimait dans l'adoration que mon amie portait à cette déesse. Tout le chagrin du monde s'exprimait lorsque l'incarnation de sa colère n'était plus présente. On entrevoit le même genre d'émotions dans *Devi*, le film de Satyajit Ray.

L'anticléricalisme de Satyajit Ray

Satyajit Ray, que j'ai bien connu, m'a confié un jour qu'il était l'un des derniers adeptes de la secte réformiste Brahmo Samaj, grand mouvement né au XIXe siècle au Bengale. Et c'est un mouvement très anticlérical.

Le film de Satyajit Ray, *Devi*, est l'histoire d'une timide jeune mariée que son beau-père décide de traiter en Durga parce qu'il l'a vue divinisée en rêve. Du jour où il la traite en déesse, on lui demande des miracles, elle y croit ; elle commence à devenir déesse. Mais la jeune femme ne parvient pas à ressusciter l'enfant mort qu'on lui pose sur les genoux et folle de douleur, elle va se noyer au fleuve en plein délire. C'est l'effet Calcutta.

Ramakrishna, le grand saint mystique, un immense personnage du XIXe siècle bengali, finit par tomber amoureux de la déesse Kâli. C'est à Dakshineswar, dans la banlieue de Calcutta, que Ramakrishna faisait ses dévotions d'apprenti en mystique.

À la différence du temple de Kâlighât au cœur de Calcutta, l'enclos de Dakshineswar est vaste, situé au bord du fleuve, avec de grandes dépendances. On peut y attendre les dieux commodément.

Avant de rencontrer sa bien-aimée à la langue tirée, Ramakrishna chercha toutes les divinités.

Il s'éprit du dieu Ram et puis de Hanuman, au point de s'accrocher une queue de singe au derrière pour se transformer en dévot du Singe Divin, au grand scandale des dignitaires du temple. Ramakrishna leur affirma que sa colonne vertébrale s'était allongée de quelques centimètres et qu'il avait une queue de singe, lui aussi, preuve qu'Hanuman était en lui.

Enfin, la queue de Ramakrishna disparut. Le grand saint tomba amoureux de Kâli au point de décrocher une épée dans le temple pour essayer de décapiter la statue adorée, coupable de ne pas se manifester suffisamment.

Kâli ne répond pas ? Je lui coupe la tête.

L'épée à la main, Ramakrishna s'élance et… L'extase l'envahit. Il tombe, submergé par des vagues de plaisir.

Lorsque Kâli répond, elle fait perdre la tête.

6

Kâli : le vagin de la déesse et la tête de Robespierre

L'opium du peuple

J'ai fait connaissance avec la déesse Kâli en septembre 1983, à Calcutta, dans son petit temple de Kâlighât, d'une façon tragi-comique qui lui ressemble tout à fait. C'était jour de Kâlipuja, fête qui rassemble des foules immenses. J'étais en mission officielle avec un haut fonctionnaire indien que le gouvernement de l'Inde avait désigné pour m'accompagner, premier acte d'une collaboration qui devait durer trois ans. Je ne l'avais jamais vu, je ne le connaissais pas. Comme nous étions VVIP – *Very Very Important Person* –, on nous a placés devant les lourdes parois de la porte du temple, au premier rang, en attendant qu'elle soit ouverte. Le temps de dire ouf, la masse des pèlerins s'entasse derrière nous et nous ne sommes plus « placés », non. Nous sommes pressés contre la porte, écrasés par la foule qui attend.

Résultat : quand s'ouvre la porte du temple, mon collègue indien et moi, sous la poussée, nous basculons, face contre terre. C'est le but. Le prêtre nous relève rudement, c'est un *dignitaire* brutal, déplaisant. Mon malheureux collègue tient son pantalon avec les mains, car on nous a ôté, avant d'entrer dans le temple, tout ce qui est cuir, ou supposé cuir : sandales, ceinture et sac.

Le prêtre me plaque contre une statue de Kâli à peu près de ma taille et me colle les deux mains sur celles de la déesse. C'est humide et froid, couvert de sang. Je baisse les yeux et, horreur, je patauge dans une boue sanglante. Puis c'est le tour de mon collègue indien, qui se débat. D'un ton rogue, le prêtre exige de nous de l'argent, mais l'argent est resté dans mon sac, donc à l'extérieur, le prêtre s'énerve, nous aussi, et le collègue finit par trouver quelques roupies qui nous libèrent. Il tient toujours son pantalon d'une main et de l'autre, il cherche dans le fond de ses poches. Dès qu'il a ses roupies, le prêtre nous chasse en nous poussant dehors, ouste, allez, allez !

En sortant, je jette un regard sur le sol et mes yeux se dessillent. Ce que j'avais pris pour une boue de sang est une bouillie de fleurs d'hibiscus rouges écrasées. C'est fou comme ça ressemble au sang ! Quant aux paumes humides de Kâli, elles ont leur explication. La déesse, ce jour-là, est en glaise crue, alors qu'en temps normal, la statue de Kâli dans le petit temple de Kâlighât est une simple pierre noire avec deux grands yeux blancs et une langue très rouge.

Mon collègue indien est aussi ahuri que moi. On nous rend nos sacs, cuir, ceinture, sandales. Nous demeurons sur le trottoir, tous les deux hébétés et je lui dis sans réfléchir : « Vous vous souvenez de ce que disait Karl Marx ? » Et cet homme que je n'avais jamais vu, dont je ne connaissais pas les opinions, me répond immédiatement : « Oui ! La religion est l'opium du peuple… » Par chance, j'étais tombée sur le plus grand poète de l'État d'Orissa, J. P. Das, et il est marxiste – moi aussi, ça tombait bien.

Telle m'est apparue Kâli, la noire, cette non-couleur où s'évanouissent toutes les couleurs.

Une langue bien pendue

Elle est la destruction de la graine sans laquelle le grain ne germera pas. J'ai sous les yeux ses images. Elle est nue, entièrement nue, « vêtue d'espace », *Digambara*. Les seins, qui sont à l'air, sont gonflés. Les cheveux sont horripilés – c'est un thème fréquent de la possession. Lorsqu'elles sont en extase ou en transe ou sous l'effet de la colère, les cheveux des déesses sont dressés sur la tête. Elle a autour du cou un collier de cinquante têtes humaines, une par lettre de l'alphabet sanskrit. Elle a trois yeux. Situé au milieu du front et à la verticale, le troisième est l'œil de Shiva. Elle a les dents blanches, symbole d'intelligence. Et elle tire la langue, une belle grosse langue rouge. La voilà, cette fameuse langue tirée qui a tant fasciné Günter Grass !

Pour comprendre la langue pendue de la déesse Kâli, faisons un détour par une des techniques du yoga. Il s'agit de la libération du frein, ce muscle qui retient la langue au palais. Ce frein, on le détache tous les jours avec une petite feuille d'herbe dont le léger tranchant est suffisant pour entamer le muscle. C'est très progressif, très long, mais vient un temps où le frein est entièrement tranché et où la langue est libre.

Libre de quoi ? Eh bien, d'aller toucher le bas du menton, ou le milieu du front ou encore, libre de se retourner dans la gorge, soit pour produire la mort, soit pour produire l'extase. Cette langue tirée, qui symbolise la langue libérée du muscle du frein qui la rattache au palais, est donc un signe ascétique important.

Mais j'ai une autre version en magasin.

J'ai pris bon nombre de leçons de yoga en Inde, pendant de longues années, avec un vieux professeur de la secte des Nath Yogi qui fut aussi mon maître en mythologie. Il considérait, après avoir beaucoup réfléchi, que la langue tirée de Kâli venait du saisissement de la fille qui piétine son père, le dieu Shiva. Née de la colère de Durga et de la conjugaison des dieux unissant leurs efforts pour produire cette créature terrible, plus terrible que Durga, chargée de débarrasser la terre des démons, Kâli bouscule son père Shiva, le renverse, le piétine, s'en aperçoit enfin et saisie, tire la langue…

Mais sur les images que je regarde, Kâli ne piétine pas son père. Elle piétine un couple qui fait l'amour.

Kâli piétine l'Amour et le Plaisir

Sous les pieds de Kâli, je vois une femme et un homme. Au feu de l'action sexuelle, la femme est sur l'homme. Qui sont-ils ? L'homme, c'est le dieu Amour, Kama. La femme, c'est la déesse Plaisir, Rati. Kâli danse joyeusement sur le dos de Rati qui chevauche son amant. Kâli piétine le plaisir. Évidemment, rien de plus ascétique que piétiner le plaisir et l'amour, c'est même de cela qu'il s'agit, dirait-on. Mais au fond, est-ce bien vrai ? Est-ce si sûr ?

Je prends une autre image. C'est un *tondo* magnifique sur fond jaune, un cercle très rond et superbe, éclatant. Dans le milieu du jaune éblouissant, la déesse du plaisir chevauche le dieu de l'amour et sur les fesses divines de Rati est assise, tranquille, notre Kâli. Elle est nue, couverte de perles, relativement calme – d'ailleurs, elle n'a que deux bras. Elle n'a pas autour de son corps une jupe de cinquante bras coupés, bref, elle est au repos. D'une main, elle tient une paire de tenailles, c'est fort peu – habituellement, les mains de Kâli sont pleines d'instruments de massacre. Mais de l'autre main !

Kâli tient un plateau sur lequel elle porte sa propre tête décapitée, et le jet de sang qui sort de son cou tranché abreuve la tête qu'elle a sur le plateau. C'est difficile à voir, on ne comprend pas bien. Mais pas de doute : elle boit son sang à sa propre gorge.

Regardons de plus près. De part et d'autre de cette étrange figure se tiennent une femme nue blanche, une femme nue noire. La blanche et la noire, l'une sur une jambe et l'autre sur deux jambes, sont les yeux de la déesse Kâli. De même que les paupières de Vishnou sont la déesse du sommeil, les yeux de Kâli sont des déesses. Aussi sympathiques et jolies que Kâli est affreuse et féroce.

Enfin, voici une dernière image de la déesse Kâli sous la forme qu'on appelle Shinamasta. Cette fois, elle piétine vraiment son père Shiva au corps blanc. Est-ce qu'elle le piétine ?

Eh bien, pas exactement. À genoux sur le corps de Shiva, elle le chevauche dans une posture obscène. Bien entendu, elle est décapitée et de son cou coupé, le sang jaillit, abreuvant sa propre tête et ses deux yeux divins. Ce n'est pas tout.

Le pénis paternel est introduit dans la vulve de Kâli. Si j'emploie le passif, c'est parce que le corps de Shiva ressemble à un cadavre, se comporte comme un cadavre, et que l'intromission de son organe sexuel n'est manifestement pas de son fait. Nécrophilie, inceste, mutilations, on dirait *L'Empire des sens*, d'après Georges Bataille…

On se trompe. Ce n'est pas cela du tout. Les images sont puissantes, mais elles sont symboliques. Pour retrouver leur sens, commençons par situer le corps de Shiva.

Dieu du yoga, Shiva inventa la posture du cadavre, qu'ici, dans nos contrées, nous appelons « relaxation » : étendu sur le dos, mains et jambes écartées, le corps se relâche entièrement pour laisser libre cours à l'esprit.

Dans cette scène, Shiva n'est donc pas mort, il se tient dans la posture du cadavre, parfaitement relâché. Libre pour les excès de la déesse Kâli.

Entre nationalisme et réformisme

Je le disais, à Kâlighât nous sommes au Bengale, région de l'Inde à fortes composantes mongoloïdes, non loin du Tibet, des hauts plateaux de l'Assam, du Nagaland où vivent les animistes Naga, et au sud du Sikkim, qui fut longtemps un royaume tibétain avant d'être annexé par l'Inde, assez récemment. Le Bengale est un étrange pays. Deux influences s'y affrontent.

La première est progressiste et réformatrice. Depuis le grand réformateur bengali, Ram Mohan Roy, qui obtint des Anglais l'interdiction du sacrifice des veuves sur le bûcher, jusqu'à Rabindranath Tagore, prix Nobel en 1913, et encore aujourd'hui jusqu'à ce grand vivant, le communiste Jhoti Basu, ancien Premier ministre du gouvernement marxiste-léniniste du Bengale, la continuité du courant progressiste avant-gardiste est constante.

L'autre influence est nationaliste et conservatrice. C'est le même Bengale qui fut violemment déchiré par une guerre d'indépendance réprimée férocement par Lord Curzon, gouverneur du Bengale en 1905. À cette époque, l'écrivain Bankim Chatterjee écrit un hymne resté célèbre, *Bande Mataram*, « Salut à toi, ô Mère ».

Ce *Bande Mataram* a une histoire. La mère, c'est évidemment le Bengale. La mère, c'est évidemment l'Inde. Mais c'est également la déesse Kâli, avide de sang, favorable aux sacrifices humains, et du coup, favorable au terrorisme dont les nationalistes ne se privèrent pas. Sous l'influence de ce mélange de maternité et de nationalisme, le grand philosophe Aurobindo Ghose, qui deviendra plus tard le mystique Sri Aurobindo, soupçonné d'avoir fait exploser quelques bombes à Calcutta, passa en jugement pour terrorisme et fut condamné à la prison.

Cette dialectique proprement bengalie n'a pas cessé. Ce n'est pas un hasard si une mère Teresa a réussi à s'installer à côté du temple de la Mère, c'est-à-dire de la déesse Kâli. Ce n'est pas un hasard si ce mouroir se trouve près des petites guillotines à chèvres, et ça n'est pas pour rien que *Bande Mataram*, l'hymne nationaliste de Bankim Chatterjee a failli devenir l'hymne national indien. Et s'il fut refusé en dernière analyse par le Mahatma Gandhi et Nehru au profit d'un hymne sage composé par Tagore, c'est parce qu'on trouvait à ce « Salut à la Mère » des airs un peu sanglants, un peu trop « kâliesque », dira-t-on.

Par-delà la tension qui régit l'adoration de la Mère cruelle et l'aspiration au réformisme tempéré, se tisse depuis des millénaires l'une des doctrines les plus complexes du monde, le Tantra.

Tantra

Née dans les hauteurs du Cachemire et dans celles du Tibet, la doctrine du Tantra est une mystique extrémiste, capable de violer tous les interdits. Dans certaines branches du Tantra, on mange de la viande, on boit du vin, en imitant la déesse Durga qui boit du vin lorsqu'elle tue le démon buffle. On touche au sexe, on va jusqu'à l'orgie sacrée, jusqu'au cannibalisme ; on boit du sang humain.

Dans ces extrêmes orgiaques, est apparue la secte des étrangleurs, les Thugs, qui ravagèrent une partie de l'Inde au XIXe siècle, étranglant les voyageurs avec un fin lacet de cuir et les offrant à leur déesse, Kâli.

Leur légende affole, mais il s'agit d'une idéologie. Les Thugs étaient de vrais nationalistes, animés de la même logique que ceux qui en Irak aujourd'hui décapitent les otages avec une épée au nom du Jihad, dans la mouvance d'Al- Qaida. Un terrorisme sacré, celui de la déesse Kâli. Ça ne vaut pas mieux.

Une lutte éternelle imprègne la vision hindoue. C'est la lutte du sujet contre sa conscience, jusqu'à la destruction de la conscience. Pour libérer l'âme, il faut dévaster l'ego, étouffer « le singe dans le chaudron », belle métaphore qui désigne le tumulte des passions. La conscience est ce singe qui s'agite.

On doit lui tordre le cou, neutraliser les désirs, arriver à l'extase par la technique du yoga, éventuellement en se bouchant la gorge avec la langue délivrée de son frein, annihiler ainsi la claire conscience, l'obscurcir, trouver une autre clarté, défaillir, ensuite quitter son corps – nous appelons cela mourir.

Mais on ne « meurt » pas en Inde. On quitte une défroque pour une autre, sauf si, par chance, on rend son dernier souffle sur les bords du Gange à Bénarès, délivré du cycle des renaissances par la formule magique de Shiva.

Instrument du Tantra, le yoga présente une anatomie particulière. Des roues, les chakras, rayonnent sur toute la longueur de la colonne vertébrale ; dans le sacrum est lovée l'énergie féminine, la serpente appelée Kundalini.

L'objectif du yoga, c'est de faire se dresser la serpente Kundalini dans la moelle épinière, jusqu'au bulbe. De là, en frappant le sommet du crâne, la serpente Kundalini provoque l'extase aveuglante et la dissolution du moi. Toute proche de la mort, une « petite mort ».

Les orgies de Kâli

L'objectif des orgies est l'extase.

Bien entendu, il existe toutes sortes de techniques pour parvenir au même résultat, la plupart reposant sur les techniques du souffle. Par exemple, c'est très simple, il suffit de suspendre la respiration, entre inspir et expir, par multiple de seize secondes, en se bouchant fermement les narines avec le pouce et l'annulaire. Les yogis sont passés maîtres en suspension du souffle ; ils savent se mettre en catalepsie et y demeurer un bon mois, les neurologues américains les ont même placés dans des caissons pour authentifier leurs exploits.

Les orgies tantriques reposent sur le même postulat, sauf à dire qu'au lieu de retenir sa respiration, on retient sa substance séminale sans éjaculer, qu'on soit homme ou femme, car dans le Tantra, il existe un « sperme féminin ».

Si l'on retient le sperme avec suffisamment de force, la pression de cette rétention va déclencher la montée de la serpente Kundalini.

Puisqu'elles ont du sperme dans la voie du Tantra, les femmes ont accès à l'extase et peuvent être des maîtres.

On connaît parfaitement celle qui fut l'éducatrice du grand mystique Ramakrishna. C'est une histoire très amusante. Elle voulut l'initier au grand rite d'union sexuelle, fondement de la doctrine Tantra. Seulement, Ramakrishna était un petit jeune homme extrêmement timide, sans aucune disposition pour la sexualité d'accouplement.

Qu'à cela ne tienne ! La maîtresse tantrique du jeune Ramakrishna se met en position de copulation avant de le convoquer à venir s'immerger en elle. Bravement, il essaye.

Mais il ne peut pas.

Il s'est blotti dans le giron de la maîtresse nue, et là, comme un bébé, il s'est endormi. Dans le sein de sa mère ? Évidemment, oui.

Dans la voie du Tantra dite « de la main gauche », il s'agit de cultiver la force, l'endurance, la décision volontaire pour aller contre toutes les règles. Il y a là quelque chose qui ressemble au marquis de Sade. Même posture intellectuelle de froide transgression de tous les interdits, même retour absolu à la nature, même dévastation des acquis culturels, du moins en un premier temps. C'est pourquoi on l'appelle « de la main gauche » : car en Inde, si la main droite sert à attraper la nourriture dans le creux d'une galette souple, la main gauche, elle, n'a qu'une seule utilité, se torcher le derrière – comble de l'impureté.

Rien n'est plus impur qu'une main gauche.

Le comportement tantrique « de la main gauche » consiste à inverser l'activité normale et à se libérer d'un certain nombre de sentiments tout à fait néfastes : la sympathie, l'amour de la famille, la morale commune, la pudeur, la honte et le respect. Lorsqu'on est prêt à être libéré, qu'on s'est débarrassé de ces sentiments vulgaires, on peut adorer la Shakti, c'est-à-dire l'énergie féminine, sous la forme d'une vraie femme nue comme la maîtresse tantrique du grand mystique Ramakrishna.

C'est ainsi qu'on arrive au grand rituel tantrique.

Un couple nu.

À genoux devant la femme, l'homme caresse dévotement les lèvres du vagin avec de la pâte de santal rouge. Il y dépose des fleurs, il la vénère, la prie, l'homme adore la Shakti, c'est elle, c'est le vagin. Lorsqu'elle est suffisamment divinisée, la femme commande à l'homme de venir s'immerger en elle. C'est toujours elle qui guide l'action sexuelle. Sur les gouaches tantriques que j'ai vues tout à l'heure, le dieu Kama, l'Amour, est passif, inerte, dans la position du cadavre, *Shavasana*.

On peut célébrer le même rite sous la forme de la *chakrapuja*, sacrifice de la roue, avec huit couples disposés en cercle et qui pratiquent le rite de copulation à huit, sans échangisme. Plus noir encore, on peut en solitaire méditer assis sur un cadavre dans le champ de crémation, en combattant l'horreur de la mort par la fréquentation de la mort. C'est la recherche orgueilleuse d'une maîtrise absolue sous les auspices de cette déesse déchaînée qu'est Kâli la noire.

Elle peut rendre fou.

D'après un témoignage écrit, Sudhir Kakar a raconté l'expérience d'un dévot de Kâli qui, ayant effectué un rituel terrible, a perdu la raison. L'homme voulait obtenir de Kâli des pouvoirs magiques.

Enfermé dans une pièce, entièrement isolé pendant de longs jours, soumis à un jeûne intensif, il accomplit le rite, étala ses propres excréments sur sa peau, but son urine, ne mangeant rien d'autre que ce qu'il avait sur le corps. Halluciné, il vit apparaître Kâli avec son attirail, les têtes coupées, la langue pendue, les dents blanches, le cou tranché, le sang jaillissant, tout cela.

La déesse lui fit l'amour. Mais quand il émergea du rite, il n'était pas sorti de sa folie. Il croyait avoir des pouvoirs.

Mais Kâli peut faire la vie douce. Libéré des pesanteurs de castes, de règles puritaines et d'une morale bourgeoise, l'adepte de la voie de Kâli ressemblerait un peu à nos libertins du XVIIIe siècle. À un détail près tout de même, le sang, l'odeur du sang.

Voilà qui me fait penser à la réflexion de Sri Aurobindo sur la Terreur, la nôtre. Aurobindo disait que, comme la déesse Kâli, la Révolution française piétinait le corps de son père et dévorait furieusement ses enfants.

7

Ganesh le goinfre, Skanda le chaste

Il en va des dieux de l'Inde comme du jeu des sept familles ; on peut trier les dieux, famille Vishnou, famille Shiva. Dans la famille Shiva, je demande les deux fils.

La progéniture de ce dieu très farouche a ceci de particulier qu'elle ne résulte pas d'une relation sexuelle entre Shiva et ses épouses, la première Sati ou la deuxième Parvati, mais toujours d'une procréation assistée. C'est ainsi que Shiva eut deux fils, Ganesh et Skanda.

L'enfant né d'une dispute

Il y a trois versions de la naissance de Ganesh.

Voici la première.

Ganesh est né de Shiva sous le nom de Vinayaka, celui qui enlève les obstacles. C'est un garçon qui ressemble à son père, tellement beau que l'épouse de son père le jalouse. Il faut dire que Parvati n'est pas la mère de l'enfant ; Shiva s'est fait son fils tout seul. Mécontente, Parvati le condamne à la laideur, en lui collant une tête d'éléphant et un gros ventre. Lorsqu'il est laid, il peut contrôler l'armée des gardes de son père, des nains obèses. C'est une version simple, mais ce n'est pas ma préférée.

La seconde est beaucoup plus amusante.

Cette fois, au contraire, Ganesh est né de Parvati toute seule. Lassée des désirs furieux de son époux, Parvati cherche un gardien pour protéger sa porte contre les descentes nocturnes de Shiva. Pour se fabriquer ce garde bien à elle, elle enlève la crasse de son corps avec la main, et avec les rouleaux de sa crasse, fabrique un enfant, le fameux Ganesh. Selon une autre version, il ne s'agit pas de rouleaux de crasse, mais de sang menstruel recueilli par la déesse ; j'imagine un tampon de boue sous une ceinture d'écorce, permettant de recueillir le sang menstruel et d'en faire une sorte de poupée. Crasse ou caillot, ce n'est pas séduisant.

En tout état de cause, Ganesh est le fils d'impuretés féminines. Mais beau gosse tout de même ; il n'est pas encore laid. Ce gardien enfantin né de la parthénogenèse de Parvati campe à la porte de sa mère lorsque Shiva arrive en pleine nuit. Shiva veut passer, le gosse le tabasse. Vishnou intervient, le gosse le tabasse. Le désordre s'est introduit chez les dieux. Finalement Shiva, aidé de tous les autres dieux – il s'agit simplement d'entrer dans la chambre conjugale –, décapite l'enfant Ganesh. Parvati se désole. Sa détresse et sa fureur sont telles que les dieux s'inquiètent. Penaud, Shiva promet de trancher la tête du premier être vivant croisé sur leur chemin et de la recoller sur le corps de l'enfant, qu'il ressuscitera. Il se trouve que le premier être vivant est un éléphant. Parole de dieu, exécution ! Shiva décapite l'éléphant, recolle la tête sur l'enfant mort, Ganesh ressuscite et le ventre de l'enfant grossit et s'arrondit.

Pour la troisième version de la naissance de Ganesh, il nous faut retourner à la tête de Brahma qui est restée collée à la paume du dieu de l'ascèse. Vieille histoire !

Lorsque, après un long pèlerinage, Shiva s'est enfin débarrassé de cette tête de Brahma, il est si content qu'il va exhiber son sexe bandant devant les femmes des sages qui peuplent la forêt. Les femmes sont très troublées, les sages maudissent Shiva, le pénis de Shiva tombe à terre et le dieu devient un éléphant. Moralité, quand on est castré, on participe de l'éléphant…

Les dieux interviennent. On apaise ces dames, on redonne son sexe à Shiva qui peut à nouveau baiser sa Parvati. Mais comme c'est étrange ! Il y a quelque chose de l'éléphant dans leurs relations sexuelles. La preuve ? Pendant que Shiva s'accouple avec Parvati son épouse, une goutte de sperme tombe à terre, et voici que Ganesh naît avec une tête d'éléphant. On dirait qu'un souvenir éléphantesque s'est imprimé dans le sperme de Shiva.

Quatrième version. La déesse Parvati dépose son sang menstruel au Gange, une femme démone l'avale et accouche d'un enfant à cinq têtes d'éléphant. On en enlève quatre et il reste Ganesh.

La défense d'éléphant qui manque au dieu Ganesh

Quelle que soit la version, Ganesh n'a qu'une défense. Pourquoi ? L'affaire est d'une telle importance qu'elle comporte plusieurs versions.

Première version.

Krishna veut remettre à Shiva la hache sacrée dont il est le dépositaire. Lorsque Krishna arrive, Shiva est dans la chambre conjugale avec Parvati, soigneusement protégée par Ganesh. L'enfant garde la porte de parents qui copulent paisiblement, mais attention ! Dans cette scène, Ganesh porte déjà sa tête d'éléphant. Le conflit avec

Shiva est passé, et puisque l'enfant est le gardien de la chambre, il barre la route à Krishna. Furieux, le dieu lance la hache sacrée sur Ganesh et une défense se brise.

Deuxième version, sucrée.

Ganesh est très friand de sucreries. Dans l'Inde entière, on lui offre des granulés de sucre et des gâteaux qu'on appelle les *modaka*.

L'enfant dieu très gourmand chevauche un rat. Sur la route, un grand serpent fait peur au rat, qui se cabre. Ganesh tombe à la renverse, son ventre éclate, laissant s'éparpiller sucreries et gâteaux. Tranquille, Ganesh les ramasse, les remet dans son ventre et se sert du serpent comme ceinture. Voyant cela, le dieu Lune et ses épouses, les vingt-sept constellations, éclatent de rire. Furieux, Ganesh s'arrache une défense et la lance contre le dieu Lune, qui devient noir.

Malheur ! Il y avait deux astres lumineux, le Soleil et la Lune, et maintenant il n'y en a plus qu'un seul, car le dieu Lune est devenu noir. Les dieux négocient. Ganesh accepte de pardonner, mais seulement à moitié. Le dieu Lune ne sera pas noir constamment, il sera lumineux par intermittences. C'est ainsi que naissent les cycles de la lune.

Troisième version. Celle-ci est pour les écrivains.

L'auteur du grand poème du *Mahabharata* s'appelle Vyasa. Au début du *Mahabharata*, alors qu'il raconte son histoire à Ganesh – nous verrons qu'elle mérite en effet d'être racontée en son long –, Ganesh s'arrache une défense pour pouvoir écrire, mais à une vitesse prodigieuse. Ainsi donc, dans le texte même du *Mahabharata*, l'écriture du texte est d'origine divine. Une longue dent d'éléphant que s'arrache un enfant divin permet d'écrire à toute vitesse la biographie du premier écrivain de l'Inde. C'est pourquoi Ganesh est considéré comme le dieu des écrivains.

À cause de sa gourmandise et de son gros ventre, il est également considéré comme le dieu de la prospérité, et il y a gros à parier que les gâteaux amassés dans son ventre sont également des pièces de monnaie. Voici pour le premier fils du dieu Shiva.

Le sperme tombé dans l'eau

Le deuxième s'appelle Skanda. Il est à l'opposé de Ganesh. On ne lui connaît qu'une naissance.

Au moment où Shiva sort de son deuil pour épouser une nouvelle femme – c'est une histoire que nous avons déjà vue – il reste emboîté avec Parvati très longtemps et sans éjaculer. L'objectif des dieux étant de forcer Shiva à procréer un grand guerrier, le dieu Amour intervient, aidé par le dieu Feu, et Shiva, troublé, éjacule. Voici donc la semence du dieu qui tombe sur le Feu.

C'est le dieu du feu et pourtant, la semence de Shiva est trop brûlante pour lui ! Le Feu s'en débarrasse au profit du Gange. La divine semence est enfin recueillie par les déesses pléiades, qui le placent dans une urne, d'où naîtra Skanda.

Récapitulons. La semence du dieu est tombée sur le feu, qui s'en est débarrassé sur l'eau, qui s'en est débarrassée sur les pléiades qui la placent dans une urne où naît, enfin, Skanda.

Skanda veut dire « venu du sperme » ; on l'appelle aussi Kartikeja, puisque les pléiades se disent Kartika. Skanda est fils d'un circuit tout autant que d'un père !

C'est un éternel adolescent, éternellement chaste. Il est fort, armé d'une lance, et son animal est un paon. À sa naissance, il a six têtes. Pourquoi est-il l'opposé de Ganesh ? Eh bien, je m'inspirerai de l'excellente étude de Rolf Stein dans le *Dictionnaire des mythologies* de Bonnefoy.

Un fils pur, l'autre impur

Skanda est le fils du père et de la semence du père. Ganesh est le fils des impuretés maternelles. (On notera au passage qu'il n'y a pas d'impureté du côté de la semence du père.)

Skanda est le fils du sperme et de six mères, les pléiades sont six. Ganesh est le fils des impuretés de Parvati, associées aux Sept Mères.

Chacun des deux a six têtes. Chacun des deux est beau, mais Ganesh seul deviendra laid, celui qui est du côté de la mère.

Skanda est abstinent, et Ganesh est goinfre.

Skanda est le général de tous les dieux, et Ganesh est le général des nains de son père.

Et les deux sont rapides. Skanda est réputé pour sa rapidité physique, il se déplace à la vitesse de la lumière, et Ganesh, gros bonhomme ralenti, est réputé pour sa rapidité intellectuelle. C'est pour cela qu'il écrit le *Mahabharata* à toute vitesse.

Tous deux sont considérés comme les gardiens de la porte. On les retrouve dans tout le monde asiatique. Ils sont, bien entendu, nés en Inde, mais à travers le bouddhisme, ils circulent en Asie du Sud-Est, en Chine, et au Japon. S'agissant de Ganesh, nous savons qu'il a été conçu par sa mère Parvati comme gardien de sa porte ; rien d'étonnant à le retrouver confiné dans ce rôle. Mais Skanda ?

Pourquoi Skanda est-il abstinent ?

À l'origine, étant né de la semence de Shiva, Skanda est un coureur invétéré. Il séduit les épouses des dieux – il les séduit toutes. Choquée, Parvati, sa marâtre, lui lance un charme. Quand il désirera une femme, il verra Parvati. Et ça marche ! Effrayé par la figure de l'inceste éventuel, et par les représailles inévitables de la part de Shiva, Skanda s'abstient et devient « sans passion ». Or c'est très bizarre, mais dans les multiples variantes des mythes de Ganesh, s'en trouve une qui n'est pas éloignée de celle-ci. Ganesh aurait été puni par Shiva pour avoir eu des relations sexuelles avec Parvati. L'enfant de Parvati aurait couché avec sa mère et voilà pourquoi Shiva serait fâché.

Il y a donc dans les deux cas une punition. Skanda, qui n'est pas le fils de Parvati, est puni par elle, et Ganesh, qui n'est pas le fils de Shiva, est puni par Shiva.

Le bol de l'abbé dans le giron de l'impératrice

Les voici donc postés de chaque côté de la porte des temples à travers l'Asie entière, enrichis au passage de multiples récits où se lisent les traces de leurs mythologies d'origine. Par exemple, cette histoire chinoise.

Un abbé place son bol à aumônes devant la figure chinoise de Skanda, pour que le bol se remplisse miraculeusement. Le bol s'envole à la vitesse de l'éclair chez l'impératrice, protectrice de l'abbé, et revient rempli de joyaux, chaque jour. Mais un jour, le bol de l'abbé atterrit sur le lit de l'impératrice, qui se fâche. Parce que tout de même, demander l'aumône jusque sur le lit, c'est un peu fort. L'impératrice en colère lui dit : « Veux-tu cinq cents vierges pour tes cinq cents moines ? » Et l'abbé aura beau expliquer que ce n'est pas du tout ce qu'il a voulu dire, que son bol s'est dirigé sur le lit impérial à son insu, l'impératrice n'a qu'une parole – on sait à quel point la parole proférée compte dans ces mythologies. Sitôt dit, sitôt fait. Apparaissent cinq cents vierges qui débauchent les cinq cents moines de l'abbé. L'abbé les condamne à être brûlées, c'est une histoire qui se termine affreusement mal, mais…

Il y a un bol à aumônes, comme dans la paume de Shiva. Ce bol à aumônes est animé de la même vitesse miraculeuse que celle dont est animé le fils abstinent de Shiva.

Une histoire japonaise. Au XIVe siècle au Japon, à la mort du Bouddha, dit la légende, un démon nommé Rapide lui a volé une dent. Idaten, version japonaise de Skanda, rattrape le démon et lui reprend la dent. On voit bien que la dent du Bouddha est une sorte de défense de Ganesh ; on voit bien que le démon véloce est une des versions de Skanda, on voit bien que le même Skanda dédoublé en son ennemi rattrape à toute allure le démon et lui reprend la dent.

Dans tous les cas, qu'il s'agisse du beau garçon ou de celui qui est devenu laid, il s'agit de garder le secret de la mère.

Il s'agit d'assurer la castration et de la confirmer, puisque l'un des frères a la tête coupée, une dent brisée, et que l'autre est « sans passion », rendu abstinent par sa marâtre.

Dans tous les cas, il s'agit d'assumer le plaisir oral de la nourriture puisque Ganesh et Skanda se retrouvent aussi postés à la porte des magasins de provisions.

Et dans tous les cas, il s'agit de se rassurer sur le pardon maternel, c'est-à-dire que, quoi que fassent les petits, il y aura toujours une déesse pour sauver le coupable du feu. Car les histoires de Ganesh et Skanda ont ceci de particulier qu'à la différence de celles des terribles déesses Kâli et Durga, elles se terminent presque toujours bien.

Ce n'est pas le même sang. Le sang de Kâli et celui de Durga jaillissent du cou décapité, de la tête tranchée du buffle ou de la chèvre. Du sang frais.

Force est de constater que le sang bénéfique, celui qui fait bien tourner les histoires, c'est le sang menstruel de Parvati. Du déchet.

8

Krishna gueule d'amour, l'enfant chéri des femmes

Il fut un temps où l'on voyait fréquemment dans les rues d'Occident des personnages étranges à la tête rasée, arborant des tuniques jaune safran, portant des sandales, jouant des cymbales et des tambours et chantant quelques hymnes… Je me souviens de leur chandail gris sous le coton jaune quand il faisait froid à Paris. C'étaient des gens de la secte Hare Krishna.

Hare Krishna est une secte dont le nom signifie « association pour la conscience de Krishna », titre officiel. Hare veut dire « celui qui enlève », c'est un terme d'adoration, et Krishna, c'est le dieu Krishna.

Ces personnages frissonnant dans le froid exprimaient une forme de dévotion essentielle en Inde et qui s'appelle *Bhakti*. *Bhakti* n'est pas un dieu, mais une forme de dévotion très extériorisée, nullement ascétique, au contraire. On est au bord de la transe en permanence.

La Bhakti s'adresse particulièrement au dieu Krishna. Il s'agit d'adorer le dieu avec des chants, la voix, avec la danse, les bras, le tourbillon du corps, des jambes, dans un abandon proche des formes africaines de la transe, pas très loin de la possession du vaudou. Figure maîtresse de cette dévotion particulière, Krishna est le dieu adorable avec lequel on fusionne, objet d'un amour fou.

Cette figure extatique de l'amour pour Krishna écrase souvent les vrais contours de cette divinité. Et ce serait dommage ! Krishna est un dieu compliqué.

Par exemple, c'est le huitième avatar de Vishnou. C'est aussi un très étrange personnage de l'épopée du *Mahabharata*, fort peu sympathique. C'est un dieu manipulateur qui agit toujours dans l'intérêt de l'ordre, n'hésitant pas à tromper les hommes.

C'est un dieu qui pousse les autres à se battre, mais sans jamais combattre lui-même. Il le dit d'emblée : « Moi, je ne me battrai pas. »

C'est un tueur de démons doué d'une force prodigieuse. C'est un faiseur de miracles et c'est aussi un bébé joufflu qui se suce les orteils, une de ses représentations les plus familières.

Naissance cachée d'un grand héros

Commençons par le bébé joufflu.

La naissance de Krishna tourne autour d'un personnage qui s'appelle Khamsa. C'est un méchant personnage, c'est même un *rakshasa*. Un *rakshasa* est un démon mangeur d'hommes, une atroce divinité cannibale. Ce Khamsa est un personnage si dangereux qu'une fois de plus, les dieux, avec Brahma à leur tête, vont en procession demander de l'aide à Vishnou pour se protéger de ses méfaits. À cause de Khamsa, Vishnou va s'incarner dans le ventre d'une humaine avec le secours de la déesse de son sommeil, Nidra, qui elle aussi s'incarnera – nous avons croisé cet épisode dans le récit des dix avatars de Vishnou.

Un sage ayant prédit à Khamsa que le huitième enfant de sa sœur, la reine Devaki, le tuerait, le rakshasa la place sous surveillance et détruit chacun de ses enfants. Pour éviter ces atrocités, Vishnou « descend » dans le monde des hommes. Il s'incarne dans l'utérus de la reine Devaki et Nidra s'incarne dans l'utérus d'une vachère, Yasoda. J'ai rapidement évoqué cette scène. Voici une jeune femme fréquemment enceinte, Devaki, surveillée par son frère, prêt à tuer tous ses neveux. Disons-le tout de suite, Krishna, le huitième, survivra.

Mais que vont devenir les sept autres ? Les six premiers, détruits à la naissance, sont des embryons de Khamsa lui-même, le tueur. Mais il l'ignore.

Le septième embryon sera transféré par miracle dans l'utérus d'une autre femme, Rohini, et donnera naissance à un inséparable de Krishna, un de ses frères préférés, Balarama.

Quant au huitième embryon, c'est Vishnou, descendu dans l'utérus de Devaki.

Dans l'obscurité la plus complète se déroule une double naissance nocturne. Les deux femmes donnent naissance à deux enfants. Yasoda donne naissance à une fille – c'est Nidra, le sommeil de Vishnou –, et Devaki donne naissance à Krishna. Pour protéger Krishna, vite, on échange les deux bébés. Au petit jour, Khamsa se précipite sur l'enfant qu'il croit être celui de sa sœur, et le détruit. Cet enfant n'a même pas le temps d'avoir un nom. Ce fut une fille qui s'envole en soie bleu-noir et jaune.

Reste Krishna dans les bras de la vachère qui croit être sa mère.

Toutefois, avant de disparaître, la déesse qui s'est échappée du corps de la fillette fracassée sur un rocher a eu le temps d'avertir Khamsa que son meurtrier est déjà né. Nidra est sûre que Khamsa n'ira pas chercher son assassin chez un simple bouvier. Le fils de Devaki, caché, et le fils de Rohini seront élevés ensemble à la campagne, près de la ville de Mathura – c'est un endroit paisible et bocager qui se trouve à une centaine de kilomètres de Dehli. Yasoda est l'épouse du bouvier Nanda. Il y a donc papa Nanda, maman Yasoda et le bébé Krishna.

L'enfant gâté

Il y a peu à dire sur l'enfance de Krishna, élevé par une mère permissive qui lui laisse faire toutes ses bêtises, chiper le beurre suspendu au mur, fourrer ses menottes dans tous les coins. L'image du gros bébé Krishna est l'icône de toutes les mères de l'Inde et Yasoda, cette fausse mère, est considérée comme le modèle de l'amour maternel. Mais s'agissant de Krishna, nous n'en avons pas fini avec la fausseté !

Quelques années plus tard, Krishna adolescent dérobe les saris des Gopi, les vachères, quand elles se baignent dans l'étang, et s'amuse de les voir nues, effarées. Quand il a passé l'âge des saris volés, il les fait danser tout en lutinant sa maîtresse, Radha, la bien-aimée, jeune vachère mariée. Comme dans l'Occident chrétien au XIIe siècle, où le modèle de l'amour fou est l'adultère commis par Tristan et Iseult, en Inde, le modèle de l'amour passion est franchement adultère.

Il est très important que Radha soit mariée. Encore aujourd'hui, les mariages en Inde sont à une très large majorité des mariages arrangés dans lequel l'amour passion n'est pas au programme. Mes amies indiennes considèrent que ce genre de mariage (l'un des quatre genres prescrits par les Veda) est une amitié réussie et qu'il est préférable à l'amour passion car, me disent-elles, « on voit ce que ça donne chez vous, l'amour et les mariages d'amour, ça se termine toujours par des divorces ». Ainsi, le modèle de l'amour passion inaccessible demeure l'amour adultère.

Premières victoires militaires

En dehors de ces jeux amoureux, Krishna triomphe de ses adversaires en compagnie de son frère Balarama, le septième embryon.

Les deux frères se battent avec leurs camarades. Comme ils gagnent toujours, le fameux Khamsa a la puce à l'oreille et leur envoie successivement un oiseau fantastique, un serpent, un buffle et le roi des naga, et chaque fois les deux adolescents triomphent de leurs adversaires. Vient l'âge des batailles.

Un beau jour, il est tellement insupportable, ce jeune homme, qu'il se bat contre Indra, le roi des dieux. Il ne doute de rien, Krishna. C'est celui devant qui tout cède. Indra, fâché, déchaîne une tempête qui menace d'inonder un village. Alors, d'un doigt, Krishna soulève la montagne qui sert d'abri aux villageois. C'est une scène abondamment représentée et où l'on voit pointer l'oreille de Vishnou.

Une fois arrivé à l'âge adulte, et comme il était prévu de toute éternité, Krishna se débarrasse du méchant Khamsa tout naturellement. Mais naturellement un autre ennemi survient, et celui-ci s'appelle Jarasanda. Et encore un troisième ! Trois ennemis majeurs. Khamsa, Jarasanda, Sisupala.

L'enfant de la mangue partagée

Voyons Jarasanda, le deuxième ennemi.

Il était une fois un roi qui épousa deux sœurs jumelles, qu'il aimait à égalité. Elles étaient stériles. Le roi alla donc voir un ermite qui lui donna une mangue, une seule, pour exaucer son vœu. Ayant promis à ses deux épouses de ne jamais faire de jalouse, le roi partage la mangue en deux – opération extrêmement difficile pour qui connaît les mangues –, une moitié par épouse. Ce que le roi n'était pas arrivé à faire, la mangue l'obtient. Les deux épouses tombent enceintes et accouchent chacune… d'une moitié de garçon bien vivante.

Une moitié de mangue, une moitié de garçon.

Horrifiées, les mères se débarrassent de ces monstres dans un carrefour.

Passe une démone ogresse, une *rakshasi* qui s'appelle Jara. Elle raboute les moitiés d'enfant en se disant « ça va être bon à manger », mais miracle, les moitiés d'enfant se ressoudent et, tout émue, l'ogresse compatissante (les ogresses ne sont pas mauvaises dans la mythologie indienne) rapporte l'enfant au roi qui se retrouve donc avec un fils, Jarasanda.

Jarasanda veut dire « celui qui a été réuni par Jara ».

L'ascète à la mangue, immédiatement prévenu, bénit le bébé et lui promet qu'il sera plus fort que tous les rois. Et c'est ce qui arrive. Ce terrible Jarasanda, produit de deux moitiés de mangue, fait tous les rois prisonniers.

Alors intervient une menace gravissime pour le monde hindou de la mythologie : Jarasanda s'apprête à les immoler tous en l'honneur de Shiva, en un sacrifice humain et collectif. Rien n'est plus contraire au système du sacrifice hindou.

Krishna persuade Bhima, un prince extrêmement fort, de tuer cet hérétique qui s'apprête à faire un sacrifice humain. Bhima agrippe Jarasanda, le fait tournoyer, lui brise le dos et le déchire en deux, le ramenant à sa condition initiale.

Toutefois, auparavant, Jarasanda, protégé par Shiva à qui il allait offrir ce sacrifice, a menacé de si près Krishna et son frère qu'ils sont obligés de s'exiler.

Ils ont quitté le giron maternel, la douce plaine de Mathura, et se sont exilés dans la ville de Dwarka, sur la côte ouest de l'actuel Gujarat. Et là, ayant délaissé ses vachères, Krishna prend femme officiellement et épouse une certaine Rukmini en l'enlevant à ses parents, selon l'un des genres de mariages hindous. Et à qui l'enlève-t-il ? À son fiancé, un ami de Khamsa, Sisupala.

Un pauvre monstre

Sisupala est un roi et un monstre. Il a trois têtes, quatre bras et ne s'exprime qu'avec des cris inarticulés.

Ses parents étaient sur le point de l'abandonner quand une voix hors du corps avertit : « Ce n'est pas à ses parents de le tuer. » La mère demande alors à la voix hors du corps : « Mais qui va le tuer ? » Et la voix répond : « C'est celui qui fera tomber ses deux bras en excès ainsi que son troisième œil en le prenant sur son giron. » Évidemment, ce ne sera plus la peine de le tuer puisqu'il sera normal, mais celui qui le « normalisera » devra le tuer. Facile !

La mère se résout à garder ce monstre abominable et chaque fois qu'un roi passe, elle le pose sur le giron royal en attendant qu'il se passe quelque chose. En vain.

Un jour arrive Krishna et le miracle s'accomplit. Le tueur de Sisupala sera donc Krishna, puisque la personne qui en fait un être normal est destinée à le tuer. C'est alors que la mère de l'ex-monstre supplie Krishna de supporter cent offenses de la part de Sisupala avant de le tuer. Comment sait-elle qu'il va offenser Krishna ? On ne sait. Mais le fait est que Sisupala offense Krishna sans arrêt – ou ses proches. Krishna, qui a promis, attend.

La cent unième offense met en cause la royauté de Krishna. À ce moment-là, avec la vitesse de l'éclair, Krishna fait tournoyer le disque meurtrier de Vishnou au bout de son doigt et l'envoyant au loin, il décapite Sisupala. Alors survient un phénomène extraordinaire.

Une énergie lumineuse sort du corps sans tête (comme le jet de sang sortait du corps décapité de Kâli), se prosterne devant Krishna, et pénètre dans le corps de Krishna, comme si le monstre était une émanation de Krishna, enfin réintégrée dans Krishna. C'est dire si le personnage est complexe.

On dirait que tous ses ennemis sont également lui.

Quand meurt un dieu immortel

Et c'est un dieu qui meurt.

C'est même le seul dieu du panthéon hindou qui connaît une mort effective.

Maudit par une mère qui a vu ses cent fils tués sur un champ de bataille, Krishna meurt à Dwarka, dans son sommeil, frappé par la flèche d'un chasseur aborigène qui croit tuer un daim et le blesse par mégarde au talon. Voilà qui appelle en nous toutes sortes de souvenirs, ce talon vulnérable comme celui d'Achille, celui de Siegfried, ce daim qu'on croit tuer quand il s'agit d'un dieu.

Chose très émouvante, le corps de Krishna est le seul qui reste sans sépulture. Lorsque l'on sait ce que signifie la crémation en Inde, lorsque l'on sait ce que peut signifier l'enterrement solennel d'un yogi qu'on ne brûle pas, tant il est pur, penser que le corps de Krishna, la plus importante émanation de Vishnou, reste sans sépulture, c'est tout simplement bouleversant.

Pour que le corps du dieu disparaisse sans se corrompre, l'océan se hisse sur les rives du port et inonde la forêt où repose Krishna.

9

Cinq frères contre cent frères : le *Mahabharata*

Maha veut dire grand et *Bharata*, l'ancêtre. C'est la grande histoire de ceux de *Bharata*, l'ancêtre.

Cette gigantesque et monstrueuse épopée met en branle les grands dieux de l'Inde, à peu près comme *L'Iliade* met en branle les dieux grecs qui s'affrontent à travers leurs protégés. Monstrueuse, elle l'est à bien des égards, mais entre autres parce qu'elle est faite de 90 000 vers et que c'est la plus grande épopée du monde. Monstrueuse, elle l'est aussi parce qu'elle a été écrite par le dieu Ganesh, avec la défense qu'il s'est arrachée à cette fin. Monstrueuse comme *L'Iliade*, c'est l'histoire d'une seule bataille. Le *Mahabharata* mérite qu'on s'y arrête en son long.

Les forces en présence

Quelle est cette bataille ? Elle se joue d'un côté entre les cinq frères Pandava, qui sont les bons héros (mais le terme de « bon » est trompeur), et de l'autre leurs cousins, le méchant Duryodhana et ses quatre-vingt-dix-neuf frères.

Il y a cinq frères d'un côté et cent de l'autre. Cinq frères Pandava et cent frères Kaurava.

Les cinq frères Pandava se composent de l'aîné, Yudisthira, le sage (il n'a qu'un seul défaut, c'est un joueur) ; Bhima, le deuxième, le fort, sans cervelle, franc comme l'or, nous l'avons vu capable de déchirer le fameux Jarasanda en deux ; le troisième, Arjuna, le parfait, le séduisant ; enfin les deux derniers, Nakula et Sahadeva, sont des jumeaux. Qui sont leurs parents ? Oh ! C'est une longue histoire.

Parmi les Kaurava qui sont cent, on a surtout affaire à Duryodhana, leur chef. Ils sont les fils d'un roi aveugle et de sa femme. Pourquoi le roi est-il aveugle ? Qui a accepté de l'épouser ? Ah, voilà !

Tout ce petit monde, cousins Pandava et Kaurava, passe une joyeuse enfance sous la tutelle de leur grand-oncle Bhishma, de leur précepteur Drona, et du roi aveugle, père des cent Kaurava. L'héritier du trône est l'aîné des Pandava, Yudisthira, le sage. Naturellement, le cousin Duryodhana refuse de reconnaître le Pandava, et pour s'en débarrasser, il tend un piège aux cinq frères. Il les invite dans une maison de laque couverte de murs magnifiques, mais faite en matériaux inflammables auxquels il met le feu.

Les Pandava se sauvent d'extrême justesse et s'en vont dans la forêt en compagnie de leur mère, Kunti.

Dans cette forêt où les Pandava sont en exil, ils ne sont pas malheureux.

Des mots trop vite lâchés

Un jour qu'il est parti à l'aventure, Arjuna, le troisième des frères Pandava, le meilleur des archers, gagne le tournoi et la main d'une princesse en bandant un arc que personne n'arrive à tendre, thème commun à tous les contes de fées. Revenant avec cette princesse dans la forêt de leur exil, il appelle sa mère et lui crie : « Mère, devine ce que je te ramène ! » Et Kunti, la mère, avant même de savoir de quoi il retourne, répond de loin : « Quelle que soit la chose que tu ramènes, que tous tes frères partagent avec toi ! »

Pas de chance, c'est une princesse, la belle Draupadi. La parole d'une mère étant absolument sacrée, Draupadi aura les cinq frères comme maris.

Puis les choses se tassent entre les cousins.

Une partie de dés

Sorti de l'exil, Yudisthira reçoit la moitié de son royaume et y construit un merveilleux palais. On s'invite entre cousins, on est encore dans la paix ; la bataille n'est pas envisagée. Les Kaurava invitent leurs cousins et leur proposent une partie de dés.

Nous savons que Yudisthira est un joueur, et naturellement Duryodhana, le chef des Kaurava, triche. Il peut le faire ! Car sous Duryodhana, se cache un dieu mauvais, le petit Kali (sans accent sur le â), divinité d'une des faces du dé qui assure la victoire aux tricheurs.

Dans cette célèbre partie de dés (il faut avoir vu des Indiens jouer aux dés pour se rendre compte de ce que représente la passion du jeu en Inde), Yudisthira perd d'abord sa fortune, ce qui n'est rien, son palais, ce qui n'est pas grand-chose, son royaume, ce qui est peu de chose, ses frères, ça commence à faire beaucoup, et finalement sa femme.

Horreur ! Draupadi ayant été perdue au jeu, les vainqueurs du tournoi de dés demandent qu'on l'amène et la princesse surgit, enroulée dans un sari chiffonné. Elle est dans sa période de menstruation, on l'a sortie de la réclusion rituelle, elle est donc particulièrement vulnérable. L'un des frères Kaurava déroule le sari pour la voir nue, et la malheureuse est effrayée à l'idée qu'on voie ses cuisses pleines de sang.

La pauvre Draupadi appelle Krishna à l'aide, et Krishna rend le sari infini. L'autre tire sur le sari, tire, tire et le sari n'en finit pas de se dérouler.

Comprenant qu'un dieu est de la partie, le roi aveugle, père des Kaurava, annule la première manche et la seconde commence.

Mais Yudisthira perd successivement ses trésors, son palais, son royaume. Plus prudent, il ne joue ni ses frères ni sa femme, en revanche, il joue douze ans d'exil dans la forêt, plus une treizième année dans le plus strict incognito. Si lui ou l'un de ses frères, ou son épouse, sont reconnus, à ce moment-là, ils perdent tout définitivement.

Cet exil de douze ans est peuplé d'histoires que les ermites viennent raconter aux exilés. Un roi, au passage, enlève Draupadi et ses maris la récupèrent… Bon. Seule compte la treizième année, qui se déroule chez le roi Virata.

Pour être incognito, les cinq frères se déguisent chacun selon leur caractère.

Très étrangement, le plus séducteur des cinq, Arjuna, se laisse pousser une longue chevelure, se déguise en eunuque et devient le maître à danser de la princesse Uttara, fille de Virata. Ce qui demande explication, mais plus tard ! Sinon la bataille n'aura pas lieu.

À la suite d'une menace d'invasion, les cinq frères Pandava sauvent le roi qui leur a donné asile sans connaître leur identité, et comme la treizième année est échue, ils se dévoilent.

Enchanté, le roi Virata offre sa fille en mariage à Arjuna, qui l'accepte pour son fils. Il aura donc été sous son déguisement le gardien de sa future bru, et son maître de danse.

Préparatifs de guerre

Une fois sortis de la forêt, les frères Pandava réclament la totalité de leur royaume. Ils prennent Krishna, leur ami, comme ambassadeur. Tout le monde est d'accord chez les Kaurava : les parents, les précepteurs, tous les frères sauf l'aîné, le méchant Duryodhana, qui refuse de rendre le royaume. La guerre est inévitable.

Veillée d'armes. De chaque côté, on désigne les généraux en chef. Du côté des Kaurava, c'est le grand-oncle Bhishma, du côté des Pandava, le frère de Draupadi sera le général en chef, mais surtout, Krishna sera le cocher du bel Arjuna. Toutefois, comme je l'ai déjà dit, Krishna prévient qu'il ne se battra pas.

Et la bataille commence, la plus grande des batailles. Mais au premier jour de la guerre, surprise ! Arjuna, le héros, refuse de combattre.

C'est l'un des épisodes les plus sacrés de cette épopée. Arjuna ne veut pas tuer. Il ne veut pas tuer ses cousins avec lesquels il a été élevé, il ne veut pas faire couler le sang. Krishna, son cocher, lui dit : « C'est ton devoir, tu es un guerrier, tu dois tuer, la bataille doit avoir lieu. » En vain.

Arjuna résiste. « Mais enfin, dit Krishna, tout le monde est obligé de tuer, quand tu respires, tu détruis des centaines de particules… »

Sans résultat.

Jusqu'au moment où Krishna se dévoile dans son immensité, sous la forme infinie de Vishnou, aux yeux du malheureux Arjuna.

Ébloui par cette apparition, Arjuna accepte de combattre.

L'ensemble de ce texte dans lequel Krishna convainc Arjuna d'aller à la bataille en acceptant de tuer ses cousins s'appelle la *Bhagavad-Gîtâ*, et c'est le texte que les hindous pieux récitent le matin avant d'aller au travail.

Agonie des vaincus

Peu après, Bhishma, le vieil oncle généralissime, est mortellement blessé.

Mais Bhishma a deux particularités : premièrement, comme il a reçu des dieux le don de mourir à l'instant de son choix, il décide de survivre jusqu'à la fin des combats ; et deuxièmement, il ne peut être tué que par quelqu'un qu'il a désigné lui-même. Qui Bhishma a-t-il désigné pour être son assassin ? Nous verrons. La mort et l'agonie de Bhishma sont des épisodes très importants.

Trois généralissimes lui succèdent, Drona le précepteur, un certain Karna, personnage infiniment touchant, et l'oncle des Pandava. Cette guerre est interminable, comme le sari de Draupadi.

Il faut bien qu'elle s'arrête un jour. Mais la fin des combats passe par des crises atroces.

Le chef des Kaurava, Duryodhana, a les cuisses brisées. Il ne l'a pas volé, mais il a un vengeur, le fils du précepteur Drona.

Muni d'une arme de destruction massive, Ashvatthaman massacre donc les enfants de la famille des Pandava, laissant vivre les cinq frères et le dieu Krishna. Tous les mâles : les fils des Pandava, déjà nombreux, les petits-fils des Pandava à naître, et les arrière-petits-fils, c'est-à-dire tout ce qui peut être embryon d'embryon de la famille des Pandava.

Pour avoir commis cette horreur et détruit des embryons à naître, Krishna condamne Ashvatthaman à un exil de trente mille ans et promet de sauver un petit Pandava, un petit-fils qui n'est pas encore né.

Ashvatthaman s'enfuit. Il était le dernier général en chef des Kaurava : cette fois, la guerre est finie.

Les suites de la guerre

Arrive enfin la paix. Les Pandava sont vainqueurs. Est-ce la fin ? Non.

Krishna est maudit par la mère des Kaurava. Bhishma, le vieil oncle, toujours gisant sur son lit de flèches, accepte enfin de se laisser mourir. Yudisthira, qui a gagné son royaume dans le sang, régnera quinze ans.

Puis au bout de quinze ans, le roi aveugle, sa femme et Kunti, la mère des Pandava, se retirent dans un ermitage en compagnie d'un personnage qui s'appelle Vidura, un bâtard aux étranges facultés et dont la naissance est très particulière. Laquelle ? Plus tard ! Il faut bien que l'épopée finisse...

Ces très vieilles personnes mènent une vie ascétique et pratiquent l'exercice des Cinq Feux, dont la chaleur incendie un jour la forêt, les brûlant tous. Cependant, au moment de rendre l'âme, le fameux Vidura se transvase brutalement dans son neveu Yudisthira.

Yudisthira se retire et abdique en faveur du petit-fils que Krishna a ressuscité.

Il n'y a pas d'axe du mal

Je ne connais aucun résumé du *Mahabharata* qui ne soit obligé, par commodité occidentale, de faire le partage entre bons et méchants héros. Mais il n'y a pas d'axe du mal dans cette affaire.

Après avoir abdiqué, Yudisthira grimpe avec sa femme et ses frères vers les Himalayas pour s'y retirer. Tout va bien ? Non.

Draupadi trébuche et tombe dans un précipice. De quoi est-elle coupable ? On l'apprend à ce moment-là ; elle était amoureuse d'Arjuna, et pas des autres.

Puis les jumeaux tombent, puis Arjuna, Bhima. Et chacun a commis des fautes.

Seul Yudisthira survit, flanqué de son chien. Indemne, alors qu'il a perdu sa femme au jeu ? Oui.

Quand il arrive au paradis en haut des Himalayas, on exige de lui qu'il entre sans son chien. Pas question, dit Yudisthira, j'entre avec mon chien ou pas du tout. Il a raison !

C'est une épreuve. Le chien est en réalité un dieu, Dharma, dieu du Devoir. Yudisthira entre au paradis et qui l'accueille en majesté ? Son méchant cousin, qui est là depuis longtemps. Il n'y a pas d'axe du mal dans le *Mahabharata.*

Ah ! j'allais oublier. Pourquoi le bel Arjuna s'est-il déguisé en eunuque dans l'année de son incognito ?

La réponse se trouve dans le nom qu'il adopte, Brhannala.

Naturellement, à la cour du roi Virata, personne n'y fait attention. Pourtant, dans le nom de l'eunuque qui vit avec les femmes, se cache sa véritable identité.

Celle d'Arjuna ? Mais non ! Ce serait trop simple !

Celui qui se cache sous les traits de l'eunuque, c'est Vishnou, qu'on appelle aussi Nara, ou Nala. Brhan-Nala, Brhannala, vous y êtes ?

C'est ainsi qu'on comprend que le bel Arjuna, viril, eunuque, héros vertueux, partage le destin de l'avatar du dieu. S'il n'est pas comptabilisé dans les dix avatars officiels, Arjuna est à ranger, avec Krishna, au nombre des figures de Vishnou.

Vishnou eunuque ? Quel embrouillamini !

Les cartes brouillées

Dans le *Mahabharata*, on trouve des fillettes imprudentes, franchement impudentes, des ascètes libertins, des dieux pris au piège, des dizaines de héros dont un martyr, Karna, dont je reparlerai. On trouve des malheureux en nombre ; et pas un seul heureux. Mais y en a-t-il dans *L'Iliade* ? Je ne crois pas. Une épopée n'est pas faite pour raconter le bonheur.

Il n'y a pas de héros central. C'est un système qui avance par crises successives. Il n'y a pas non plus de vraies résolutions de crises. Lorsqu'on arrive au paradis, on tombe sur des complications.

Il n'y a évidemment pas d'événements historiques correspondant à cette bataille. On doit le préciser, car en Inde, aujourd'hui, les nationalistes hindous tentent de tirer parti de l'historicité supposée du *Mahabharata*.

Certes, depuis longtemps, le gouvernement indien a choisi un champ qu'il appelle « champ de bataille du Mahabharata » ; un panneau sur une route le désigne. Mais c'est aussi fictif que le château du roi Arthur, ou le lac de l'enchanteur Merlin dans la forêt de Brocéliande en Bretagne, près de Rennes. Eh bien ! Cela n'empêche pas des historiens indiens d'être persécutés pour avoir osé dire que le mythe n'avait pas de dates, pas d'histoires, et que personne ne pourrait tirer argument du *Mahabharata* pour désigner aux masses hindoues un ennemi précis.

Pourtant, il n'y a ni bien ni mal, mais un conflit perpétuel entre l'ordre, le Devoir – c'est le petit chien qui trotte derrière Yudisthira – et le désordre, la fureur, incarnés par Duryodhana, personnage mauvais mais nécessaire. Le généralissime Bhishma, vertueux par excellence, personnage d'une grande noblesse, se trouve à la tête de l'armée des méchants alors que Krishna, le dieu, n'est pas indemne de lâcheté. Tout est brouillé, tout est confus, tout doit être obscurci avant d'être éclairé.

L'anéantissement est aussitôt suivi d'une renaissance. Quelle que soit l'ampleur du désastre, un enfant sauve le monde : c'est le petit Parixit, l'embryon que Krishna ressuscite.

10

Quand la mère est un fleuve, ou alors un poisson

Comment naît le désordre ?

Les héros du *Mahabharata* ne sont ni des hommes ni des dieux. Ce sont des demi-dieux comme Achille en Grèce, fils de la déesse Thétis et d'un mortel. Autant les naissances des dieux de l'Inde paraissent simples – un œuf se divise en deux, une montagne se fend –, autant celles des demi-dieux sont compliquées et longues. C'est le difficile statut des mondes intermédiaires.

Pour comprendre leur nécessité, il est temps de répondre aux plaintes de la Terre. Pourquoi faut-il une guerre ? À cause d'elle, la Terre. La Terre se plaint parce qu'elle est surchargée. Pour soulager la Terre qui porte trop de monde sur son dos, il faut faire la guerre.

À la nécessité malthusienne de la guerre correspondent les chemins tortueux des nécessités familiales. Pointilleux sur les règles, les dieux vont devoir fabriquer le conflit sur plusieurs générations. On ne se trouve pas devant des cousins qui se battent sans préméditation parce qu'ils ont mauvais caractère.

On se trouve devant un véritable calcul divin pour arriver à les faire s'entretuer.

Il faut donc remonter aux ancêtres et pour en comprendre la tortueuse généalogie, il faut avoir en tête le système des castes.

De la bouche de Brahma sont sortis les brahmanes ; du torse de Brahma sont sortis les guerriers ; des cuisses de Brahma sont sortis les marchands ; et des pieds de Brahma sortent les serviteurs.

En dehors du corps de Brahma, dans un *no man's land* – où l'homme n'a pas sa place –, se trouvent les *pariah* que les Anglais appelaient les Intouchables, que toute l'Inde appelle maintenant les *dalit*, et qui étaient, jusqu'à la promulgation de la Constitution indienne en 1950, des sous-hommes, au sens où Hitler l'entendait, *Untermenschen*.

Comme nous allons voir, la fabrication des cinq frères Pandava et des cent frères Kaurava, tous des cousins, procède d'une grande bataille entre les castes.

Du côté paternel : l'ancêtre Yayati

Voyons d'abord leur branche paternelle.

Yayati est un roi, de la caste des guerriers puisque tous les rois, à quelques exceptions près, sont des guerriers.

Un jour, Yayati entend des cris, se précipite, voit une femme tomber dans un puits, lui prend la main droite et la sauve. La main droite, c'est la main de la pureté. Cette femme, Devayani, rusée femelle au cœur très sec, est la jolie fille d'un sorcier brahmane. Pourquoi diable est-elle tombée dans le puits ?

Elle jouait avec une fille de roi, une de ses amies. Une fille de roi est par définition inférieure à la fille du brahmane.

Elles se baignaient toutes nues dans l'étang, le vent a mélangé leurs vêtements. Par mégarde, la fille de roi, donc de la caste des guerriers, a enfilé ceux de la fille du brahmane, donc de la caste supérieure. Elles ont échangé des insultes, des coups, et la fille du roi a jeté la fille du brahmane au puits.

La fille du roi s'appelle Sarsmita. Elle est belle, charmante et, malgré cet acte, assez douce. Devayani, pour se venger, décidera d'en faire sa servante. Puis après s'être vengée de Sarsmita, Devayani la brahmane exige le mariage avec le roi Yayati, qui se sent très peu concerné.

Pour cause ! Yayati a vu la charmante Sarsmita, il en est déjà amoureux. Il n'a aucune envie d'épouser Devayani. Alors il argumente ; il est de la caste des guerriers, il ne peut pas épouser une fille de brahmane, ça ne va pas.

Obstinée, Devayani fait appel à son père qui n'est pas seulement brahmane, mais sorcier, et qui résout le problème avec une formule adaptée.

Yayati n'a plus le choix, il est obligé d'épouser Devayani.

Il l'emmène avec ses suivantes – parmi lesquelles sa servante Sarsmita. Au passage, le papa de Devayani, le sorcier brahmane, a bien averti. Attention ! Pas question que Yayati, le nouveau marié, touche à la servante…

Naturellement, c'est ce qui arrive. Le roi Yayati aura trois enfants clandestins avec Sarsmita, et deux avec sa femme légitime Devayani. Et un jour, comme dans les vaudevilles de la meilleure espèce, les trois petits clandestins rencontrent le roi Yayati avec sa femme et ses deux légitimes. Papa ! crient les petits. Et voilà ! Le scandale éclate.

Le sorcier brahmane punit son gendre de façon effroyable. Yayati devient vieux à l'instant. Ses cheveux blanchissent, il perd ses dents, il n'a plus de force. Ému, le sorcier brahmane qui a pitié de son gendre l'autorise à transférer sa vieillesse sur l'un de ses fils.

Yayati a cinq fils.

Trois clandestins, deux officiels. Quatre refusent.

Seul Puru, le plus jeune fils de Sarsmita la charmante, accepte, mais pour une durée de mille ans. Au bout de mille ans, Yayati récupère sa vieillesse et monte au ciel, et Puru se retrouvera roi.

Or Puru se trouve être l'ancêtre des Pandava et des Kaurava.

Du côté maternel : l'ancêtre Vasu

Branche maternelle maintenant. Le roi primitif s'appelle Vasu ou Parikara, mais nous l'appellerons Vasu par commodité.

Un pic rocheux est amoureux d'une rivière et la retient prisonnière. Le roi Vasu, qui passe par là, donne un coup de pied dans le rocher et libère la rivière.

Mais la rivière est enceinte du rocher. Elle donne la fille qui naîtra, Jirika, au roi Vasu qui est très amoureux. Voilà donc le roi Vasu marié à Jirika, la fille de la rivière et du rocher.

Un jour que le roi Vasu est à la chasse, Jirika lui fait porter un message. Elle l'attend, elle est en plein désir et en pleine période de fécondité. Vasu se précipite, mais ses ancêtres lui apparaissent et l'arrêtent : « Non non, n'y va pas, tu vas nous chasser du gibier. » Ordre des ancêtres ! Vasu obéit et renonce à rejoindre sa femme.

Mais le désir est en lui, disent pudiquement les textes.

En pleine forêt, alors qu'il est en train de chasser le gibier pour les ancêtres, le roi Vasu a juste le temps d'arracher une feuille à un arbre pour recueillir son sperme qui jaillit. Il donne la feuille pleine de sperme à un faucon pour qu'il l'apporte à sa femme. Mais en chemin, un autre faucon attaque, la feuille tombe dans un fleuve et ce fleuve est un affluent du Gange, la Yamûna.

Une poissonne avale, bien entendu, la feuille. Cette poissonne est en réalité une Apsara, c'est-à-dire une fille céleste, condamnée à demeurer poissonne jusqu'à ce qu'elle donne naissance à des jumeaux humains. Évidemment, elle s'est précipitée sur le sperme ; l'occasion était vraiment trop belle.

Dix mois plus tard, la poissonne est pêchée. Les pêcheurs lui fendent le ventre et découvrent deux jumeaux qu'ils portent au roi Vasu. Du jumeau mâle, on fera un roi, et la fille jumelle, Satyavati, reste avec son père Vasu.

La fille à l'odeur de poisson

Satyavati ! Elle est délicieuse, mais elle sent le poisson. Et elle sent tellement son poisson d'origine que Vasu ne le supporte pas. Pour s'en séparer, il la donne au chef des pêcheurs de la Yamûna, qui ne souffrira pas de l'odeur puisqu'il pêche toute la journée.

Passe un jour un pèlerin ascète, plein d'austérité. Mais nous savons maintenant quoi penser de ces ascètes… Car reluquant la belle qui sent le poisson, l'ascète lui propose de coucher avec elle.

Satyavati refuse vertueusement. Les rives de la Yamûna sont remplies d'ermites, coucher avec l'ascète en plein jour, sous leurs yeux, non, vraiment non ! Ce ne serait pas décent. Alors le pèlerin, par magie, suscite un brouillard autour de la jeune femme. À moitié convaincue, elle cède, mais à une condition. Elle veut bien coucher avec le pèlerin sous condition d'être débarrassée de sa mauvaise odeur.

Fut dit fut fait. Dans le brouillard qui dissimule, Satyavati couche avec l'ascète et quand le brouillard se dissipe, elle est enceinte, mais elle sent bon.

L'enfant qui va naître des amours de l'ascète avec la fille à l'odeur de poisson est l'un des plus importants personnages du *Mahabharata* puisque c'est le conteur de l'épopée, le sage Vyasa. C'est donc lui qui va « fabriquer » la genèse des héros dont il sera le narrateur.

L'époux de la déesse Ganga

Bon ! Un roi qui s'appelle Santanu, descendant de Yayati (de l'autre branche), renifle un délicieux parfum qui l'enchante ; c'est l'odeur de Satyavati.

Santanu est conquis. Seulement voilà, il a déjà un fils et une épouse. Et quelle épouse ! Le roi Santanu a eu pour femme la déesse Ganga, le Gange en personne.

Lorsque Ganga avait sauté sur la terre et s'était retrouvée prisonnière du chignon de Shiva, elle avait, en sautant, remarqué deux choses.

Premièrement, elle avait croisé sept dieux, punis on ne sait pourquoi, et condamnés à s'incarner. La durée d'incarnation sur terre n'étant pas précisée, les condamnés supplièrent Ganga de bien vouloir leur servir d'utérus pour le temps de la grossesse et puis, sitôt nés, de les noyer dans ses eaux – puisqu'elle était le Gange. Ainsi, après une brève incarnation, les condamnés remonteraient au ciel le plus vite possible. C'est une chose.

Deuxièmement, Ganga avait repéré un très joli garçon qui se promenait sur les bords de ses eaux, et c'était le jeune Santanu. Voilà pour l'autre chose. Et maintenant ?

Ayant dit oui aux condamnés divins et repéré le joli Santanu, Ganga descend sur terre, apaise ses flots, devient le Gange et attend tranquillement que le beau Santanu s'aperçoive qu'elle est là. Il faut un peu l'aider.

Il se trouve que Ganga peut s'incarner en femme lorsqu'elle veut. Belle comme une mortelle, elle émerge de ses eaux, se montre à Santanu, le séduit, ils s'épousent. Mais Ganga se garde bien de dévoiler à son mari sa nature divine. Et pour être sûre de son incognito, elle impose une condition à Santanu avant de l'épouser. Comme Mélusine de Lusignan, la femme à la queue de serpent qui fit souche dans le Poitou français.

L'heureux époux ne doit pas protester, quoi que fasse Ganga. Même lorsque sa femme aura des comportements incongrus, Santanu devra se taire. Et en effet ! Ganga se trouve enceinte une première fois, accouche et noie le bébé à la naissance. Une deuxième fois, Ganga se trouve enceinte, accouche, noie le bébé à la naissance, et ainsi de suite jusqu'au septième enfant. Santanu serre les dents et tient bon. Ganga est enceinte pour la huitième fois. Cette fois, Santanu proteste. Non ! Il ne veut pas voir mourir son huitième enfant. C'est trop cruel !

Pas de chance ! Le huitième enfant de Ganga n'était pas comme les sept précédents. Il n'était pas une divinité destinée à remonter au ciel. C'est un enfant parfait, auquel les dieux condamnés à s'incarner ont donné chacun un don particulier, cadeaux pour remercier Ganga de les avoir hébergés dans sa matrice. Navrée, Ganga explique tout à Santanu qui sanglote, mais il a beau se reprendre, regretter, la prier, rien à faire. Dès l'instant qu'il a protesté, Ganga doit remonter au ciel où elle emmène son fils, qui, plus tard, recevra le nom de Bhishma.

Quand il est adolescent, lorsqu'on croit que tout va bien, Ganga renvoie son fils sur terre, près de son père. Bon !

Mais non, tout ne va pas bien. Santanu vient de tomber amoureux de Satyavati, l'odorante.

Le fils de la Ganga

Et c'est le fils de la déesse – on l'appelle « le fils de la Ganga » – qui s'occupe de remarier son père.

Ce n'est pas une mince affaire, car le pêcheur, père adoptif de la petite, refuse la main de sa fille au roi Santanu, sauf si l'héritier du trône accepte de renoncer au trône et même, beaucoup plus grave, de renoncer à tout espoir de paternité.

Le jeune homme parfait, vertueux par excellence, se sacrifie, et renonce à toute sexualité. « Merveille ! » disent les dieux réunis en lui versant des pétales de roses sur la tête. Pour honorer ce sacrifice, le jeune homme reçoit le nom de Bhishma, ainsi qu'un très grand privilège : pouvoir mourir à son heure, tué par la personne de son choix. (On se souvient que Bhishma, blessé à mort, longtemps avant la fin de la bataille, passe de longues semaines à l'agonie sur un lit de flèches, sans mourir puisqu'il ne l'a pas encore décidé.)

Toutes les conditions étant remplies, le pêcheur donne la main de sa fille à Santanu. Santanu épouse Satyavati et lui donne deux fils, qui meurent. Lorsque meurt Santanu, il n'a plus un seul héritier, sauf Bhishma, mais Bhishma a promis de ne pas être père. Pas question de revenir sur une parole donnée ! Ce qui est dit est dit.

C'est alors qu'on s'avise qu'il reste un fils dans la famille. Certes, il n'est pas de Santanu. Tant pis ! À la guerre comme à la guerre. Reste le premier enfant de Satyavati, celui qu'elle a mis au monde dans le brouillard, le fils de l'ascète libertin.

Bhishma va donc chercher son demi-frère Vyasa pour féconder les deux épouses de ses frères défunts. Seulement voilà ! Comme son père l'ascète, Vyasa est puant, il est laid, les ascètes ne se lavent jamais les cheveux, il est très déplaisant. Les accouplements nécessaires ne seront pas faciles, mais bon ! Personne n'a le choix.

Quand l'ascète féconde les veuves

La première reine veuve ferme les yeux en couchant avec Vyasa. Sa mère ayant fermé les yeux, le fils naîtra aveugle. C'est le futur roi Drisharastra, le roi aveugle.

La seconde reine veuve pâlit en couchant avec le sage Vyasa. Et le fils sera pâle. C'est pourquoi son nom est Pandu, le pâle.

À nouveau la première reine essaye, mais elle n'y arrive pas. Vraiment pas. Au dernier moment, elle se fait remplacer par une esclave et c'est ainsi que naît Vidura, bâtard hors caste, interdit de succession.

Le seul héritier possible est donc le roi Pandu le pâle, qui n'est ni hors caste, ni aveugle.

Mais le plus important n'est pas là. L'important, c'est que le géniteur de l'héritier du trône de Santanu est un ascète, fils d'ascète. Drôles d'ascètes ! Sensibles aux charmes du désir et capables de les satisfaire séance tenante. Aucun doute, les ascètes sont aux ordres des dieux. Sans eux, pas de généalogies. Sans eux, pas d'épopée. Fils de l'ascète qui féconda Satyavati, Vyasa féconde trois fois de suite les ventres des reines et de l'esclave. Il est donc au sens propre le concepteur des héros.

La longue généalogie des ancêtres s'arrête là. Le roi aveugle Drisharastra sera le père de tous les Kaurava, tandis que Pandu, le roi pâle, sera le père de tous les Pandava.

11

Les femmes du *Mahabharata*

Une parfaite épouse

Gandhari est la fille du roi Gandhara et c'est surtout l'épouse du roi Drisharastra l'aveugle.

Gandhari est vertueuse, si vertueuse que, lorsqu'elle découvre la cécité de son mari pendant la cérémonie du mariage, elle décide de s'aveugler avec un bandeau tellement épais qu'elle ne verra rien du monde. Toute sa vie, Gandhari porte son bandeau noir pour être en harmonie avec son mari. À bien des égards, Gandhari est l'incarnation de l'épouse hindoue, pour qui le mari est un dieu.

Lorsqu'elle est enceinte, ça ne se passe pas très bien ; la grossesse est interminable.

Après plusieurs années, Gandhari finit par accoucher, non pas d'un enfant, mais d'une gigantesque boule de chair extrêmement dense, qu'une voix divine ordonne de diviser en cent parcelles qu'on place dans cent jarres.

Neuf mois plus tard naissent les cent frères Kaurava. Ce n'est pas la première fois qu'on voit des germes d'enfants plantés dans des pots, et qui naissent neuf mois plus tard, comme des plantes qu'on aurait repiquées.

Voilà qui fait penser à l'explication que Claude Lévi-Strauss donne du mythe d'Œdipe dans l'*Anthropologie structurale*, tome deux. Lévi-Strauss constate qu'avant le mythe d'Œdipe, les Grecs croyaient que l'homme poussait comme un légume, un végétal planté dans la terre. Ensuite les croyances changent. Les Grecs découvrent que l'homme naît d'un homme et d'une femme. Stupéfiante découverte ! Leur monde bascule.

Œdipe serait l'un des premiers héros du monde grec connu pour être né de son père Laïos et de sa mère Jocaste, d'un homme et d'une femme.

Évidemment, ce n'est pas simple. Se sentant menacés par l'oracle, les parents d'Œdipe veulent sa mort. Il survit, mais à cause d'eux, il boite, abîmé par les liens qui ont troué ses pieds de nourrisson. On connaît la suite.

Mais pour tragique que soit le mythe d'Œdipe, il témoigne du difficile passage entre la conception de l'homme comme végétal et la conception de l'homme né des deux sexes.

Il n'est pas évident qu'un petit enfant soit né d'un homme et d'une femme ; il est plus simple de penser qu'il est planté, puis repiqué comme une salade ou un poireau.

Gandhari n'a pas un rôle considérable pendant la bataille. Mais après la guerre, elle retrouve une importance plénière. Les cinq Pandava, ses neveux, sont intacts, mais tous les fils de Gandhari sont morts. C'est elle qui maudit Krishna. À cause de la malédiction de Gandhari, le roi Krishna, maudit, va se retirer à Dwarka, se faire flécher par un aborigène, en mourir.

Gandhari est une femme en colère. Sur le champ de bataille où tous ses fils sont morts, son neveu Yudisthira s'agenouille à ses pieds et implore son pardon. Il a les mains sur ses genoux, elle ne peut pas le voir, elle a son bandeau noir.

Mais voilà ! Si serré que soit le bandeau noir de la reine Gandhari, un fragment de regard tombe sur les mains de son neveu. Instantanément, les ongles de Yudisthira se corrompent. Les ongles du vertueux héros noircissent. En un fragment de regard, Gandhari a rendu impur le plus pur des héros du *Mahabharata*.

Gandhari mourra incendiée dans la forêt où elle s'est retirée à la fin de la bataille avec son mari et sa belle-sœur Kunti.

Une trompeuse épouse

Qui est Kunti ? Une menteuse.

Si le roi aveugle n'a qu'une épouse en la personne de Gandhari, Pandu, le roi pâle, a deux femmes, Kunti et Madri.

Leurs unions sont heureuses. Un jour, après de nombreuses batailles et de nombreuses victoires, Pandu décide de se retirer du monde de la guerre et de partir dans la forêt.

Habituellement, quand on part en forêt, c'est pour y mener une vie ascétique. Il n'y a pas d'autre façon d'aller dans la forêt. Et pourtant Pandu décide d'y mener une vie de plaisirs.

Une vie de plaisirs, cela comporte la chasse. Et un jour à la chasse, le roi Pandu blesse un daim en train de faire l'amour avec sa biche. Malheureusement, ce daim est un ascète qui s'est transformé pour faire l'amour avec une biche. Blessé à mort, l'ascète reprend sa forme et maudit le roi qui l'a tué.

S'il couche avec l'une de ses femmes, Pandu mourra au moment du plaisir. Voilà une malédiction !

Il se trouve que le roi Pandu n'a pas encore d'héritier. Il s'est beaucoup amusé avant la malédiction, mais il a trop consacré de temps au plaisir, et pas assez à la fécondation. Pandu, qui n'est pas père, ne pourra le devenir qu'en mourant ! Comment faire ?

Kunti, sa première épouse, trouve une solution.

Quand elle était fillette au service d'un brahmane, elle l'a si bien servi que, pour la récompenser, le brahmane lui a fait un don.

Kunti a reçu le don de pouvoir convoquer n'importe quel dieu et de lui demander n'importe quoi. Elle propose donc à son mari de choisir lui-même les dieux qu'elle convoquera, et qui l'engrosseront. C'est donc en toute complicité que les deux époux décident de convoquer successivement trois dieux pour féconder Kunti.

Les vrais pères des Pandava

Le premier qu'elle convoque, c'est le dieu Dharma, le Devoir. Le dieu Dharma aura comme fils Yudisthira. C'est l'aîné des Pandava, le vertueux. On se souvient que lorsque Yudisthira arrive à la porte du paradis, il est flanqué d'un chien qu'il ne veut pas abandonner. Ce chien, c'est Dharma, son père.

Le deuxième dieu convoqué par Kunti, c'est le Vent, Vayu, la force brutale. Vayu et Kunti auront pour fils Bhima le fort, qui n'a pas beaucoup de cervelle.

Le troisième que Kunti convoque, c'est Indra, le roi des dieux. Indra et Kunti auront comme enfant Arjuna, c'est-à-dire la Perfection.

Le roi Pandu continuerait volontiers. Il se verrait bien demander à sa femme de convoquer tous les dieux du panthéon hindou pour en avoir autant de fils. Mais Kunti décide que ça suffit et qu'en convoquer plus serait franchement du libertinage. Il y a une chose qu'elle ne dit pas, la coquine.

On l'apprendra beaucoup plus tard.

Elle a fait un premier essai le jour où elle a reçu le don du brahmane. Quand Kunti s'est retrouvée seule dans sa chambre, elle s'est dit : « Je vais essayer cette formule pour savoir si ça marche. » Et devant la fenêtre ouverte, elle a convoqué le dieu Soleil, Surya.

Le dieu Soleil est apparu. Il l'a immédiatement violée et c'est ainsi qu'est né Karna, l'enfant solaire, dont les oreilles sont d'or en mémoire de son père, et les pectoraux également.

La petite Kunti a tellement honte de s'être laissé prendre qu'elle abandonne Karna au fleuve sur une nacelle, comme Moïse sur le Nil, selon le scénario très connu de la naissance des héros. Karna sera adopté par un couple de braves gens de modeste extraction, serviteurs du clan des Kaurava, et reprendra toute sa place ensuite. Toute sa place ? Voire. De son adoption par de petites gens, Karna garde un orgueil compréhensible.

L'avez-vous remarqué ? Dans ces naissances magiques, après l'accouchement, les femmes redeviennent immédiatement vierges. Ayant engrossé la petite Kunti, le dieu Soleil lui assure qu'une fois qu'elle aura mis au monde son enfant, elle retrouvera sa virginité. Voilà pourquoi Pandu n'en a rien su.

Un héros martyr

Pendant la bataille, Kunti souffre affreusement, car son fils Karna, dont elle seule sait qu'elle est sa mère, combat avec les Kaurava, dont il ne sait pas qu'ils sont ses frères.

Désespérée, Kunti va trouver Karna et lui explique qui il est, qu'il est le frère des Pandava, le suppliant de changer de camp. Dans un mouvement sublime d'orgueil blessé, Karna refuse. « Tu m'apportes maintenant un amour que tu n'as pas voulu me donner, tu me supplies de rejoindre mes frères. Mais ce n'est pas parce que tu m'aimes ! C'est parce que tu as peur pour eux. Eh bien, je vais rester du côté où j'ai été aimé, du côté des ennemis de mes frères. » Et Karna ne cédera pas.

Karna est un homme assez courageux, assez solaire pour s'être rendu illustre par un acte tout à fait particulier. Un jour qu'un mendiant lui demandait l'aumône, Karna a donné tout ce qu'il avait. Le mendiant a dit : « Ce n'est pas assez. »

La règle, quand on a le cœur noble, c'est de ne jamais rien refuser à un mendiant. Quand le mendiant lui demande ses oreilles d'or et sa poitrine d'or, Karna, instantanément, s'arrache avec les ongles les lobes de ses oreilles et ses muscles dorés.

Cette souffrance insupportable ne sera pas la cause de sa mort. Karna mourra décapité, la roue de son char engluée dans la boue.

Les fils de Madri

Qui sont les pères des derniers Pandava ? Car enfin nous avons le fils de Dharma, Yudisthira, le fils de Vayu, Bhima, et le fils d'Indra, Arjuna. Mais parmi les fils de Pandu (même si ce ne sont pas ses fils biologiques), restent encore deux Pandava, Nakula et Sahadeva, qui sont les jumeaux.

Ce sont les enfants de Madri, la seconde épouse de Pandu.

Voyant comment Kunti se fait engrosser par des dieux, Madri trouve que ce n'est pas juste. Kunti, généreusement, lui prête sa formule. Madri choisit d'avoir des jumeaux et convoque les dieux jumeaux Ashvin, les cavaliers, qui représentent l'étoile du matin et l'étoile du soir. Leurs enfants sont beaux comme les étoiles.

Mais Madri ne s'arrête pas là. Elle propose à son mari une première et dernière étreinte, un premier et dernier plaisir. Puisque Pandu est condamné à mourir au moment de sa jouissance, elle lui promet de le rejoindre sur le bûcher de sa crémation.

Et c'est ce qui se passe. Pandu et Madri font l'amour. Pandu meurt immédiatement. On dresse le bûcher de Pandu et Madri monte sur le bûcher, pose la tête du mort sur son giron et demande à son frère d'allumer le bûcher.

C'est ainsi que Madri brûle vive. Comme Kunti, brûlée vive dans l'incendie final allumé par les Cinq Feux ascétiques qui embrasent la forêt.

Draupadi, unique épouse des cinq Pandava

Leur belle-fille Draupadi est l'épouse des cinq frères Pandava. On se souvient qu'à la suite d'un malentendu, Kunti a ordonné aux cinq frères de partager la chose qu'Arjuna rapporte dans la forêt, sans se douter que c'est une fille. Ce qui est dit est dit, nous autres, nous le savons… Les frères Pandava auront une seule épouse. Bon !

Mais qui fait accepter au père de Draupadi que sa fille aura cinq maris ?

Dans les cas graves, l'ascète Vyasa, l'auteur de l'épopée, intervient dans le récit pour dénouer le conflit. Cette fois, ce n'est pas simple. Il faut argumenter.

Première solution.

Un jour, raconte Vyasa, Indra, le roi des dieux, revient d'une cérémonie de sacrifice et rencontre une femme qui pleure. Elle l'emmène sur les Himalayas où se trouve un jeune homme qui joue aux dés. Indra se présente : « Je suis le maître du monde. » Le jeune homme ne répond même pas. Indra insiste : « Mais je suis le maître du monde ! » À ce moment-là, le jeune homme se retourne et sourit, mais le sourire est celui de Shiva, ce qui ne présage rien de bon. Et en effet.

Shiva emmène le roi des dieux dans une caverne où l'attendent déjà quatre autres Indra, coupables du même pêché d'orgueil. Voici donc cinq Indra dans la caverne.

Shiva les prévient qu'ils seront captifs un certain temps, puis qu'ils s'incarneront dans les cinq frères Pandava avant de remonter au ciel. Shiva conclut en disant qu'il désigne la déesse Lakshmi comme étant leur épouse unique, puisqu'une seule femme suffit pour tous ces Indra qui, en réalité, ne sont qu'un.

Le père de Draupadi n'est pas convaincu.

Alors Vyasa sort une autre histoire.

Une fille de roi, dit-il, fait pénitence pour obtenir de Shiva un mari. Au bout de longues années, Shiva apparaît et la fille demande : « Je désire un époux parfait. » Mais comme elle n'est pas confiante, pour être bien sûre de son coup, elle répète cinq fois sa demande : « Je désire un époux parfait. » Cinq fois.

« Parfait, dit Shiva, tu auras cinq maris. »

Et cette explication convainc le père de Draupadi.

Draupadi n'est pas une femme douce. On lui doit la scène la plus terrible du *Mahabharata*.

Sur son ordre, Bhima, le fort, blesse celui des Kaurava qui l'a humiliée en la traînant par les cheveux demi-nue, enroulée dans le sari souillé de son sang menstruel. Là, sur le champ de bataille où l'ennemi est blessé, Draupadi tient sa vengeance.

Il est vivant – elle y a veillé. Avec les dents, elle lui déchire le ventre, plonge ses mains, sort les entrailles qu'elle déroule et se vautre dans les intestins dont elle se fait une chevelure de sang… L'homme mettra longtemps à mourir.

Amba, la transsexuelle

Amba est née princesse. Bhishma, qui s'est voué à la chasteté pour assurer le remariage de son père, vient la chercher, non pour lui puisqu'il n'en a pas le droit, mais pour son frère. Pour d'obscures raisons, le mariage ne se fait pas et Amba se retrouve sans mari.

Furieuse, humiliée, elle jure de se venger de Bhishma. Sa détermination est totale. Amba se suicide pour obtenir la faveur de se réincarner garçon.

Née fille, Amba devient Sikhandin, un garçon.

Par égard pour la mémoire d'Amba, le vieux Bhishma, généralissime des armées Kaurava, décide que seul l'homme qui fut femme, Sikhandin, aura le droit de le tuer. Et c'est ce qui arrive.

Arjuna se présente devant le généralissime Bhishma, qu'il aurait du mal à tuer, car Arjuna aime son vieil oncle, qui fut son tendre précepteur. Mais derrière Arjuna se tient Sikhandin, dont les flèches abattent Bhishma le parfait, sans le tuer, comme on sait.

Les femmes de l'épopée sont actives, rusées, courageuses, colériques : la colère d'Amba, celle de Gandhari, la violence de Draupadi qui se réjouit que Bhima, le deuxième de ses maris, boive le sang à l'artère fémorale du mort… Oui, ce sont des femmes extrêmement puissantes.

Ce sont aussi des femmes qui sentent bon.

La fille gazelle

Madhavi a le nom d'une fleur odorante.

Un étudiant brahmane sert un vieil ascète. À la fin de son service, selon la coutume, l'étudiant demande ce que l'ascète désire pour déclarer le service de l'étudiant terminé. L'ascète ne répond pas ; à ses yeux, les douze années de service ont suffi. L'élève, malencontreusement, répète la question, répète la question, répète la question…

Énervé, l'ascète fixe son prix. Huit cents chevaux blancs avec une oreille noire. Trouver huit cents chevaux ainsi conçus ! C'est à peu près impossible.

L'étudiant, désespéré, va chez son ami Yayati que nous connaissons bien, et Yayati invente une solution.

Il lui prête sa fille Madhavi, la parfumée, pour qu'il l'échange en mariage et trouve ainsi ses huit cents chevaux.

Madhavi, qui sait comment retrouver sa virginité au doigt et à l'œil, va se marier quatre fois. Chaque fois, le prix du mariage sera deux cents chevaux blancs avec une oreille noire. Quatre mariages à deux cents chevaux blancs avec une oreille noire, le compte y est. L'étudiant brahmane sera délivré de son service, et Madhavi aura fait son devoir.

Une fois ces services rendus, Madhavi décide de se marier. C'est une fille parfaite. Elle a fait exactement ce que son père avait ordonné, elle a déifié les lois de l'obéissance. Mais cette fois, non. Madhavi décide d'épouser la forêt. Et elle décide d'y devenir gazelle.

12

Le chapelain des démons, le maître d’armes et l’arme atomique

Il y a dans le *Mahabharata* des personnages auxiliaires qui ne sont ni hommes ni dieux ; ils sont intermédiaires entre les deux mondes, et dotés de pouvoirs divins.

Ils sont brahmanes, ou sorciers, ou brahmanes-sorciers. Ils peuvent être demi-dieux : c'est le cas du maître d'armes de tous les Pandava et de tous les Kaurava, Drona, qui a du sang divin dans les veines.

Puis, à mesure que le champ de bataille s'ensanglante, accumulant les morts, les dieux font irruption sous des figures diverses, s'engageant dans la guerre en direct, sans l'aide de leurs intermédiaires.

C'est ce passage que nous allons voir maintenant.

D'abord avec l'un de ces auxiliaires, le chapelain des démons, Kavya Usanas, ensuite avec le maître d'armes des Pandava et des Kaurava, le demi-dieu Drona, enfin avec son fils Ashvatthaman, qui dispose d'une arme absolue dont le nom est Brahmasiras.

Comme Excalibur est le nom de l'épée du roi Arthur, comme Nothung est le nom de l'épée de Siegfried dans la *Tétralogie* de Wagner, Brahmasiras est le nom de l'arme d'Ashvatthaman.

Le sorcier brahmane Kavya Usanas

Kavya Usanas, chapelain des démons, a le pouvoir de ressusciter les démons morts dans les batailles contre les dieux.

Les dieux, fatigués de voir les démons ressusciter sans arrêt sur les champs de bataille, s'adressent au héros Kakha, fils d'un dieu et d'une mortelle. Qu'il aille chez Kavya Usanas, qu'il se présente en étudiant et qu'il aille lui voler le secret de la résurrection.

Kakha accepte, se présente à Kavya Usanas et à sa fille, cette charmante personne au cœur sec nommée Devayani. Nous connaissons Devayani, c'est une chipie.

Kavya Usanas et Devayani sont charmés, le père parce que Kakha est un étudiant parfait, et la fille parce que le jeune homme lui apporte tous les jours des fleurs, des fruits, qu'il chante et qu'il danse pour elle. Et un flirt se dessine, que le jeune homme laisse faire.

Jusqu'au jour où, flairant le danger, les Asura tuent Kakha, le dépècent et le donnent à manger aux loups. Devayani s'émeut, Kavya Usanas ne s'émeut pas et récite sa formule : « Viens ici ! »

Alors, comme à la fin du *Petit Chaperon rouge*, les loups apparaissent, et de leurs flancs percés sortent les morceaux du jeune homme qui se reconstitue. Il est ressuscité.

Les Asura tuent une deuxième fois le jeune homme, le dépècent et envoient les morceaux au fond de l'océan. Et une deuxième fois Kavya Usanas, sans se démonter, fait revenir les morceaux de Kakha du fond de la mer.

La troisième fois, les Asura tuent le jeune homme, le brûlent, mélangent ses cendres à de l'alcool, et font absorber la boisson à Kavya Usanas.

Il a donc ingéré le jeune homme sans le savoir. Sa fille Devayani cherche partout son amoureux. Et elle supplie son père, et elle est tellement exigeante que Kavya Usanas lance sa formule et dit : « Viens ici ! »

À sa surprise totale, une voix répond, dans ses propres entrailles à lui. Le vieux chapelain demande à sa fille de décider. Il faut qu'elle choisisse entre le père et l'amant. Et Devayani décide qu'elle veut les deux.

Le chapelain des démons réfléchit et trouve une solution, miraculeuse pour le jeune homme qui attend depuis déjà trois morts de découvrir le secret de la résurrection.

Kavya Usanas décide d'accepter de mourir en laissant sortir le jeune homme de son ventre, à condition que le jeune homme, une fois ressuscité, le ressuscite à son tour. C'est bien imaginé, mais pour y parvenir, le vieux sorcier doit donner au jeune homme la formule magique.

C'est ce qui se passe. Kakha sort du ventre de Kavya Usanas puis ressuscite le vieux. Et quand tout le monde est heureux, Devayani exige le mariage.

Bien entendu, maintenant qu'il a ce qu'il voulait, le jeune homme refuse. Il ne l'a jamais aimée, et il ne manque pas d'arguments ! Kakha n'est pas brahmane. Si Devayani l'épouse, elle déchoit de sa condition. Devayani n'aura pas Kakha.

Et c'est pour cette raison qu'ultérieurement, Devayani met un tel acharnement à vouloir épouser le roi Yayati, un beau parti.

Le fils de l'Apsara

Drona, le précepteur brahmane des Pandava et des Kaurava, n'en est pas moins un demi-dieu.

La naissance de Drona n'a plus rien qui puisse nous étonner. Il naît, comme tout le monde, du sperme que son père a laissé échapper à la vue d'une fille céleste, une Apsara. La semence de ce père est mise dans un vase (vase se dit *droni* en sanskrit), et neuf mois plus tard pousse le petit Drona, qui tient son nom du vase où il a germé.

Drona est le camarade de jeux du futur roi Drupada, père de Draupadi. Drona est un brahmane, Drupada est un roi, mais à cette époque-là, dans l'enfance, ça n'a pas d'importance. Les deux enfants s'entendent superbement bien, au point que le roi promet à son ami de partager avec lui, quand ils seront grands, ses possessions et ses plaisirs, car seuls les rois de la caste des guerriers disposent de la richesse et du pouvoir terrestre.

Là-dessus, l'adolescence les sépare et Drona est pauvre, comme tous les brahmanes.

Apprenant qu'un roi brahmane, combinatoire exceptionnelle dans le système des castes, distribue tous ses biens, Drona se précipite, mais trop tard. Le roi brahmane a tout distribué, hormis deux choses, son corps et son arc magique. À Drona de choisir.

Il choisit l'arc magique et devient maître d'armes.

Puis, doté d'un métier, il part à la recherche de son ami d'enfance. Las ! Le roi Drupada se paye sa tête : « Tu ne t'imagines tout de même pas que j'allais tenir ma promesse ! C'était une blague… » Furieux, Drona va s'engager à la cour du roi aveugle, Drisharastra. C'est ainsi qu'il devient le maître d'armes de cent cinq élèves, cent Kaurava, cinq Pandava.

Drona a un chouchou, Arjuna. Et pourtant, lorsque la bataille commence, Drona ne sera pas du côté d'Arjuna.

Drona est invincible. Il l'a fait savoir à tout le monde. Comme Bhishma, le chaste et saint grand-oncle, Drona ne mourra que lorsqu'il s'y décidera lui-même. Il est en effet protégé par l'arc du roi brahmane, ainsi que par une sorte de magie qui lui est propre. Comment s'y prendre pour tuer Drona l'invincible ? Les cinq Pandava, le cœur brisé, car ils adorent leur maître d'armes, se mettent en devoir de trouver comment faire pour le tuer.

Qui invente une ruse détestable ? Le dieu Krishna, naturellement.

Drona ne présente qu'une seule faiblesse, c'est son fils, Ashvatthaman. Si on lui annonce la mort de son fils Ashvatthaman, on est sûr que Drona se laissera mourir.

Tuer le fils pour abattre le père ? Trop cruel. Bouleversé, Arjuna refuse. Mais Bhima et les jumeaux, Nakula et Sahadeva, acceptent. Quant à l'aîné, Yudisthira, l'homme du Devoir, il hésite.

Mais Krishna a plus d'un tour dans son vilain sac de dieu rusé. Il conseille à Yudisthira de se servir d'un éléphant qui s'appelle aussi Ashvatthaman.

On annoncera à Drona la mort d'Ashvatthaman, il croira que c'est son fils, mais ce sera un éléphant. Sans attendre, Krishna tue l'éléphant Ashvatthaman et dit à Yudisthira : « Maintenant, débrouille-toi ! Annonce la mort d'Ashvatthaman. Tu ne mentiras pas. »

Un peu honteux, Yudisthira s'exécute, et crie : « Ashvatthaman est mort ! », et il ajoute tout bas : « ... l'éléphant Ashvatthaman, je dis bien, Ashvatthaman l'éléphant », mais cela, personne ne l'entend.

Ce qu'entend le malheureux Drona, c'est « Ashvatthaman est mort ». Son fils est mort, voilà ce qu'il entend.

Drona se met donc en devoir de mourir. Il se met en position du lotus et, comme personne n'a le droit de tuer un brahmane et que Drona est invincible, il laisse son âme quitter son corps et s'embrase. C'est un suicide. Arrivera bien par l'arrière un guerrier du camp Pandava qui décapitera le corps de Drona, mais ce n'est qu'une enveloppe vide.

En revanche, son fils est vivant. Cet Ashvatthaman qui n'est pas l'éléphant Ashvatthaman est un personnage particulièrement redoutable. Il ne se déchaîne pas après la mort de son père, il attend la défaite de son chef, Duryodhana, l'aîné des Kaurava. Duryodhana est à l'agonie lorsqu'il nomme Ashvatthaman généralissime à la place de son père mort.

Ashvatthaman se prépare donc à prendre ses fonctions de généralissime. C'est la nuit, tout le monde dort, il veille. Soudain, une terrible apparition le saisit. C'est un dieu énorme, vêtu d'une peau de tigre toute dégouttante de sang, ceinturé par un serpent et projetant du feu par la bouche, les narines, les oreilles, puissamment armé. Ashvatthaman se lève, attaque la divinité en vain. On se dit que c'est le dieu Shiva, et que ça y ressemble. On se dit qu'un serpent, une peau de tigre, du sang… c'est Shiva.

Mais pas du tout. C'est une attaque de Vishnou.

Pour la première fois, les dieux sont sur le champ de bataille en direct. Ils ne se servent plus d'intermédiaires, ils sont là.

Pour se défendre contre Vishnou, Ashvatthaman appelle à l'aide Shiva à qui il s'offre en sacrifice. Lui, Ashvatthaman le généralissime, en personne.

Et Shiva adore ça. Aussitôt apparaissent devant Ashvatthaman un autel tout doré, un feu de sacrifice et toutes sortes de démons à têtes d'animaux. Cela n'est pas encore Shiva, mais c'est le monde de Shiva, la forêt barbare, le sauvage, l'impur. Sans hésiter, Ashvatthaman monte sur l'autel, le feu s'éteint et Shiva lui apparaît, souriant.

Les choses se font très simplement. Shiva ne dit rien et pénètre dans le corps d'Ashvatthaman.

Maintenant, Shiva combat dans le corps d'Ashvatthaman.

C'est toujours la nuit, tout le monde dort et Ashvatthaman-Shiva accomplit le plus effroyable des massacres, que Madeleine Biardeau appelle « la nuit de cauchemar ». Ashvatthaman tue d'abord le guerrier qui a décapité son père. Puis les cinq fils que Draupadi a eus de ses cinq maris. Puis les alliés. Et pendant ce temps-là, les démons de Shiva dévorent les chairs des morts.

À l'aube, il n'y a plus personne. Et c'est alors que Draupadi, qui vient de perdre ses cinq fils, décide de jeûner jusqu'à la mort d'Ashvatthaman.

La tête de Brahma est une arme atomique

Mais il a encore une arme terrible qui lui a été donnée par son père, la Brahmasiras.

C'est la tête de Brahma. Voici longtemps que nous ne l'avions vue ! Cette tête de Brahma que le dieu Shiva portait collée à sa paume. Seulement, c'est aussi l'arme atomique.

L'arme atomique ? Sans rire ?

Pas un seul de mes amis indiens qui ne m'ait décrit cette arme comme étant l'arme nucléaire. Et de dire : « Vous voyez bien que le *Mahabharata* est un poème prophétique puisque le texte a même prévu l'arme atomique ! »

En effet, une fois lancée, cette arme produit la mort partout, la désolation et douze ans de stérilité. (L'arme atomique stérilise beaucoup plus longtemps, mais bon.)

La Brahmasiras est une arme effrayante. Krishna, sur le champ de bataille, avertit : « Ashvatthaman n'hésitera pas à s'en servir. » Et pour cause ! Krishna sait que dans le corps d'Ashvatthaman, c'est Shiva qui agit.

Les cinq frères Pandava et le dieu Krishna vont donc à la recherche d'Ashvatthaman qu'il faut désarmer à tout prix. Quand ils le trouvent, en bon Shiva qu'il est, Ashvatthaman est assis au milieu des ascètes dans la forêt.

Il n'a aucun besoin de préparation. La particularité de cette arme Brahmasiras, c'est que, contrairement aux ogives nucléaires, elle peut être faite avec n'importe quoi. En l'occurrence, un roseau. Il suffit d'une formule pour transformer le roseau en cette arme dévastatrice. C'est fait ! L'arme est lancée.

Alors Vyasa intervient, signe que les choses sont gravissimes. Une limite a été franchie. Ashvatthaman a lancé son roseau nucléaire, et de son côté, Arjuna a lancé une arme moins terrible mais dangereuse.

Vyasa demande à chacun de rappeler ses traits. Arjuna rappelle son trait sans état d'âme. Mais Ashvatthaman ne sait pas rappeler son trait.

« Son âme est trop mauvaise », dit Vyasa. « Son âme est trop mauvaise », dit le dieu Krishna. Que faire ?

Obligé d'obéir et malgré la mauvaiseté de son âme, Ashvatthaman détourne son arme de la ville qu'il avait ciblée, et l'oriente sur les enfants à naître des Pandava. La Brahmasiras ira frapper (nous avons déjà vu cet épisode) les fœtus de l'avenir.

« D'accord, dit le vieux Vyasa, mais après, tu t'arrêtes. »

Mais Ashvatthaman ne s'arrête pas.

Il vient d'entendre Krishna murmurer aux frères Pandava : « Ne vous inquiétez pas ! Vous avez une bru, là, qui est enceinte. Vous avez un petit-fils en germe... » Fureur d'Ashvatthaman. « Cela ne sera pas ! » Et il dirige la Brahmasiras sur le ventre de la bru, détruisant l'embryon.

Alors, puisque Vishnou s'est montré, que Shiva a pris possession du corps d'Ashvatthaman, Krishna, avatar de Vishnou, décide d'intervenir avec les moyens des dieux. Il prend la liberté de ressusciter le fœtus, qui naîtra sous le nom de Parixit.

La bizarrerie, c'est qu'Ashvatthaman ne meurt pas.

Étant Shiva, il ne peut plus mourir. Krishna, ne sachant que faire, le maudit.

Ashvatthaman est condamné à errer pendant trois mille ans, sans aucun contact avec les hommes, dans toutes les forêts du monde, puant le pus et le sang.

13

Le *Ramayana*
histoire du fils de la bouillie magique

Du mauvais usage des mythes et des dieux

En 1992, souvenez-vous, ces images ont fait le tour des télévisions du monde : des milliers de yogis montaient à l'assaut de la mosquée d'Ayodhya avec cordages, piolets et explosifs. Sous les yeux impuissants de la police indienne, mal préparée à une attaque en règle, la mosquée fut détruite en moins de six heures.

Cette mosquée, Babri Masjid, était la mosquée du conquérant Babur, fondateur de l'Empire moghol au XVe siècle. Elle fut, paraît-il, édifiée, pure hypothèse, sur les ruines du temple célébrant la naissance du dieu Ram, héros du *Ramayana*. Et c'est pour cette raison, à cause du dieu Ram, que les yogis furieux abattirent la mosquée.

Comment des yogis, passés maîtres en contrôle des passions, en sont-ils venus à démolir à coups de piolets et d'explosifs une mosquée supposée avoir été bâtie sur le lieu de naissance d'un dieu ? L'énoncé est absurde et pourtant !

En 1985, la télévision nationale indienne, Doordarshan, jouissant à cette époque du monopole des images télévisuelles, projette en feuilleton le *Ramayana*, tous les dimanches matin à 9 heures 30.

Très vite, les postes de télévision dans les villages, souvent installés sur les places, se transforment en autels. Ornés de guirlandes, ils sont adorés comme de petits temples où le *Ramayana* défile ses belles images, sans effets spéciaux extraordinaires. Il n'y avait pas encore de morphing, pas beaucoup de technique, mais un bricolage génial. Le feuilleton dure un an et demi. Sans que personne en mesure les effets, les images du *Ramayana* se diffusent, grâce à la télévision, dans le moindre recoin de l'Inde hindoue.

En 1989, Lal Krishna Advani, qui était à l'époque président d'un parti nationaliste indien violemment xénophobe, le BJP, entreprend ce qu'on appelle un *yatra*, c'est-à-dire un grand pèlerinage. Le yatra d'Advani part de la capitale, Delhi, et circule largement dans l'Inde du Nord, jusqu'à la ville d'Ayodhya, non loin de la frontière du Népal.

Le président du BJP se tient debout dans une sorte de 4 × 4 transformé en lotus et le voilà qui part, suivi de militants. Ils apportent des briques ; parfois, ils portent des tridents, car ce sont souvent des yogis : le trident, l'arme sacrée de Shiva, s'enfoncera dans les poitrines musulmanes. Il y aura des pogroms de musulmans sur le parcours de ce damné pèlerinage en l'honneur du dieu Ram.

De 1990 à 1992, une intense propagande nationaliste, au nom du dieu Ram et du *Ramayana*, dévaste l'extraordinaire tradition de la tolérance indienne.

Programme de destruction systématique des grandes mosquées mogholes, de Mathura à Bénarès : elles sont supposées avoir été construites sur les ruines hypothétiques de temples hindous. Je me souviens d'un vieux *sadhu* parlant à la télévision nationale, un horrible type à qui on demandait quelle preuve on pouvait bien fournir pour avancer qu'il y avait, sous telle ou telle mosquée, des ruines de temple hindou. Avec une arrogance extrême, le noble vieillard ensafrané cria : « *Dig it, you will find the evidence !* » (Creusez ! Vous trouverez les preuves.) Et c'est avec des arguments comme ceux-là que le polythéisme hindou se transforma en monothéisme meurtrier, honorant un seul dieu pour un parti nationaliste, et ce dieu, hélas, c'est Ram.

Il n'y est pour rien, le pauvre. Mais ce n'est évidemment pas avec la complexité du *Mahabharata* qu'un parti nationaliste serait parvenu à ce sinistre résultat. Car souvenez-vous, dans le *Mahabharata*, il n'y a pas d'axe du mal, tandis que dans le *Ramayana*, il y en avait un.

Essayons de le dégager de sa gangue politique.

Un avatar du dieu Vishnou

Le roi Dasaratha, souverain d'Ayodhya, a trois femmes et pas d'enfant.

Il fait un grand sacrifice pour devenir père et, au même moment, il se trouve que les Deva sont attaqués par le brahmane-sorcier et démon Ravana, roi du Lanka. (Le Lanka est une île, l'actuel Sri Lanka.)

Ravana est un *rakshasa*, un mangeur d'hommes, mais un brahmane respectueux des règles. Ayodhya étant située très au nord de l'Inde, et Lanka très au sud, c'est aussi un banal combat entre gens du Nord et gens du Sud.

Les Deva, conduits par Brahma (nous avons l'habitude), vont en délégation demander à Vishnou de bien vouloir s'incarner pour faire le travail et les délivrer de Ravana.

Et quand le feu du sacrifice s'allume sous les yeux du roi sans fils, surgit au cœur des flammes un être divin qui tend au roi une bouillie magique.

Sagement, le roi Dasaratha distribue sa bouillie vishnouite.

À la première épouse, Kausalya, il donne la moitié ; à la deuxième, Sumitra, il donne la moitié de la moitié, ce qui fait un quart ; à la troisième, Kaikeyi, il donne la moitié du quart restant, ce qui fait un huitième. Et le dernier huitième revient à la deuxième épouse Sumitra.

Les naissances se produisent : Rama, le fils de la première épouse ; Lakshmana et Satrughna, des jumeaux, enfants de la deuxième épouse ; Bharata est le fils de la troisième, Kaikeyi.

Mais où est donc Shiva dans cette histoire ? Car enfin, quand Vishnou intervient quelque part, forcément, Shiva rôde… Eh bien, Shiva se trouve dans Ravana, puisque ce brahmane mangeur d'hommes est un adorateur du dieu farouche.

Jeunesse de Ram

Les princes sont éduqués par un bon chapelain qui prend soin de respecter ce qu'on pourrait appeler « la hiérarchie de la bouillie ». C'est évidemment Rama le mieux soigné.

À l'adolescence, Rama, le prince parfait, subit sa première épreuve : sur le chemin d'un pèlerinage, un saint ascète vient lui demander de l'aide pour le délivrer des démons qui l'assaillent et, pourvu de toutes les armes magiques, Rama surmonte aisément cette épreuve. Au retour, Rama et son frère Lakshmana se rendent au royaume de Mithila, situé dans l'actuel État du Bihar, au nord-est de l'Inde.

C'est là que se déroule l'une de ces cérémonies de fiançailles que nous avons déjà vues lorsque le bel Arjuna a conquis sa femme Draupadi. Cette fois, le roi du Mithila, Janaka, donnera sa fille en mariage à celui des prétendants qui parviendra à bander l'arc de Shiva. (Tiens ! Shiva !)

L'arc que doit bander le prétendant est celui avec lequel Shiva a menacé son beau-père, l'horrible personnage qui ne l'avait pas invité chez lui parce que le dieu, son gendre, n'était pas présentable. C'est donc un arc illustre, et magique.

Quant à la promise, la fille du roi Janaka, elle s'appelle Sita.

Sita a connu une naissance étrange. Son père l'a vue sortir du sillon qu'il creusait avec sa charrue lorsqu'il préparait le terrain pour un sacrifice. Sita est donc née d'un sillon de la Terre. Très bien.

Rama se présente comme prétendant. On ne s'en étonne pas, Rama bande l'arc de Shiva sans difficulté, et épouse Sita facilement. C'est alors que se produit le drame.

Au moment où le roi va proclamer Rama son successeur, entre en scène la troisième épouse, Kaikeyi, mère d'un fils moins doté, car il n'a eu qu'un huitième de bouillie. Pourquoi Kaikeyi s'anime-t-elle ?

Il se trouve que le roi Dasaratha a une dette envers elle, car elle lui a sauvé la vie un jour qu'il était malade. Très imprudent, le roi a promis d'exaucer ses vœux.

Le vœu de Kaikeyi est simple. La troisième des reines demande l'exil de Rama et sa destitution. Si jamais le roi refuse, Kaikeyi se suicidera. Comme c'est une femme de caste supérieure, le roi ne peut pas accepter : ce serait un brahmanicide.

À l'aube, le cœur serré, il cède.

Le prince Rama, l'héritier légitime destitué, part en exil sans protester en compagnie de son frère Lakshmana, son préféré, et de son épouse Sita, qui ne veut pas le quitter.

Désespéré, le roi meurt. Conformément à sa promesse, Bharata, le fils de Kaikeyi, est appelé à lui succéder. Mais c'est un bon frère. Au lieu de se faire couronner, Bharata place sur le trône les sandales de son frère Rama. Et c'est à ces sandales qu'il va demander tous les jours des instructions pour assurer la régence du royaume.

L'enlèvement de Sita

Pendant ce temps, Rama, Sita et Lakshmana vivent en exil dans le Maharashtra, près d'une ville qui s'appelle aujourd'hui Nasik. Quatorze ans. Mais même dans la forêt, Rama, qui devrait être un ascète, reste un guerrier. Toute personne qui a besoin de lui, personne animale ou humaine, vient lui demander de l'aide, et le vaillant guerrier répond.

La sœur de Ravana, une horrible démone mangeuse d'hommes, comme son frère, tombe amoureuse de Rama. Elle prend la forme d'une fille pour le séduire. En vain. Pour finir, c'est radical, Lakshmana, le frère de Rama, lui coupe le nez et les oreilles. Furieuse (il y a de quoi), la sœur de Ravana va se plaindre à son frère.

Mais au lieu de geindre, comme elle est maligne, elle lui parle surtout de la beauté de Sita.

Elle lui en parle tellement que Ravana tombe amoureux de Sita. Pour conquérir la belle, il lui tend un piège.

Il demande à son ami Marika de se transformer en cerf doré. Si beau, ce cerf, que Sita le voudra auprès d'elle. Elle demandera à son mari d'aller le chercher, et l'imprudent Rama délaisse l'ermitage pour trouver le si bel animal doré. Au même instant, Lakshmana entend la voix de Rama appeler à l'aide, et il fonce.

Sita est seule dans l'ermitage, privée de son mari, privée de son beau-frère.

Immédiatement Ravana l'enlève, en la tirant par les cheveux. Sita se retrouve dans le gynécée du palais de Ravana, prisonnière. Mais le démon Ravana ne veut pas la prendre de force. Pas question de violer la princesse ! Il veut qu'elle cède de bon gré. Or c'est une entreprise sans espoir. Et voilà ce démon qui se tortille aux pieds de la princesse fidèle.

Gloire soit rendue au singe divin

Sita a disparu ! Rama et Lakshmana, les deux frères, ne savent pas où elle est. Ils quittent leur ermitage et la cherchent dans la bonne direction, car un faucon, qui s'est vainement opposé au rapt au prix de sa vie, a réussi à les prévenir avant de mourir. En chemin, Rama et Lakshmana rencontrent les singes divins, Hanuman et Sugriva, qui décident de les aider.

C'est ainsi que nous découvrons dans cette grande épopée la présence admirable des singes.

J'ai souvent mangé à Bénarès la nourriture sacrée d'Hanuman. Hanuman n'est pas véritablement un dieu, c'est un singe divin. Mais beaucoup d'Indiens l'adorent comme un dieu. Mon ami Veer Badra Mishra est grand-prêtre du temple d'Hanuman à Bénarès, charge héréditaire depuis le XVIe siècle. Et c'est parce qu'il m'en a offert que j'ai pu manger *prasad*, la nourriture sacrée du singe Hanuman. (*Prasad* est le nom de la nourriture sacrée de tous les temples.)

La nourriture sacrée d'Hanuman est soigneusement tenue dans un petit panier de feuilles de bananiers : pâte d'amandes, bouillie sucrée, et – forcément – bananes.

Le temple, qui n'est pas sur le Gange, est une immense bâtisse à vocation caritative. Sur les quais, tout près de la maison de mon ami Mishra que tout le monde appelle Mahantji, c'est-à-dire « cher grand-prêtre », se dresse un petit autel dédié à Tulsi Das, l'homme du basilic (*tulsi,* en sanskrit, signifie basilic, la plante du foyer), immense poète qui rédigea la première version du *Ramayana* en hindi. On y voit les sandales du vieux maître.

Au crépuscule, j'y ai vu souvent la cérémonie du feu qu'on appelle *ârati* ou *ârti*.

Devant les sandales du poète, le prêtre agite une clochette et offre à l'univers les éléments qui le composent.

Le feu habite les sept cercles de flammes que le prêtre fait tourner en chantant au bord de l'eau. Signifiant l'air, une queue de yack évente la cérémonie. Enfin, une pièce de tissu représente l'enveloppement, c'est-à-dire l'espace.

Au même instant retentissent les conques sur le Gange… C'est un moment poignant. Plus encore lorsque l'ârti se déroule devant le petit autel du grand poète Tulsi Das, dans le recoin d'une ruelle obscure dissimulée sur les grands quais de Bénarès : les flammes vibrent, le chant s'envole, les sept cercles accouchent de la nuit, et le poète est dieu.

Mahantji, qui est dans le civil ingénieur en dépollution des eaux, grand militant écologiste, parle d'Hanuman avec une foi profonde et avec des mots simples.

Il dit que c'est un être bon, dévoué, prêt à donner sa vie pour les autres. Voilà la vision la plus simple, la plus juste, de ce grand singe divin du *Ramayana*.

Qu'il soit un sage, c'est-à-dire un animal, compte peu, puisqu'en Inde il n'y a pas de véritable césure entre la vie animale et la vie humaine.

Entre tous les animaux, le singe a comme particularité d'être végétarien, et donc non violent. Le végétarisme des singes, c'est-à-dire le fait qu'ils mangent surtout des bananes et des fruits, est en effet quelque chose d'essentiel pour l'âme indienne.

Mais qu'on veuille bien songer à ce que Rudyard Kipling a fait dans *Le Livre de la jungle,* avec le Bandar-log, le peuple des singes. Cet Anglais admirable a fait exactement l'inverse !

Certes, il ne les a pas transformés en singes carnivores, mais le Bandar-log, dans *Le Livre de la jungle*, au lieu d'être un peuple compatissant, est une horde de singes débraillés, agressifs, braillards. Pour sauver le malheureux Mowgli de ce que peut lui faire le Bandar-log, il faut que le serpent Kaa vienne massacrer ces singes !

Pour l'Occidental Rudyard Kipling, très indianisé, certes, mais très colonial, parfaite incarnation de la *Britannia Rule*, le singe reste un animal mal embouché, qui montre son derrière et les dents. Mais pour tous les Indiens, le singe, c'est Hanuman, le brave compagnon.

C'est une chose très frappante, cette transformation du singe en animal de bonté. Hanuman a le cœur sur la main. Il a aussi le cœur ouvert. Sur les posters populaires qui le représentent, le singe divin s'ouvre la poitrine et montre son cœur flamboyant, tout de même que le héros Karna dans le *Mahabharata* déchire la poitrine d'or et les lobes de ses oreilles pour les donner au mendiant qui les lui demande.

Ce dévouement extrême, qui va jusqu'au déchirement de la chair, a quelque chose de christique et de sacrificiel. Pour incarner cette figure, l'Inde a choisi un animal, l'un des plus méprisés par l'Occident, le singe.

14

Le *Ramayana* les singes et la princesse

La famille d'Hanuman

Hanuman n'est pas le seul singe dans cette affaire. Ils sont trois frères : Valin, roi des singes, Sugriva, le chef de l'armée des singes, et Hanuman.

Bizarrement, la naissance de ces frères singes reproduit le scénario de la naissance des cinq frères Pandava dans le *Mahabharata*.

On s'en souvient, chacun des cinq frères Pandava est engendré par un dieu différent puisque le roi Pandu ne peut pas s'accoupler sans mourir. C'est donc sa femme Kunti qui, parce qu'elle en a le pouvoir, convoque, grâce à une formule, les dieux que choisit son mari pour procréer leurs fils.

Même jeu pour la naissance des singes divins : Valin, l'aîné des singes, est le fils d'Indra, roi des dieux (comme Arjuna dans le *Mahabharata*) ; Sugriva, le deuxième singe, est le fils de Surya, le Soleil (comme le héros Karna).

Hanuman, celui qui nous intéresse, le dernier, est le fils de Vayu, le dieu du vent, comme Bhima, la force brutale et l'inintelligence dans le *Mahabharata*.

Mais Hanuman n'a pas seulement la force. Il a aussi l'intelligence.

On le verra quand il aide les deux princes, Rama et Lakshmana, à retrouver la princesse Sita. Les singes ont entre les mains les bijoux de la princesse Sita. Ravana l'a prise par les cheveux, elle s'est débattue, les bijoux de Sita sont tombés, et qui les a ramassés ?

Dès que l'alliance est faite entre les héros et les singes, commencent les exploits d'Hanuman. Car c'est lui, le héros.

Les exploits d'Hanuman

Sa force est tellement prodigieuse qu'il saute des rives de l'actuel Tamil Nadu, directement sur l'île du Lanka, l'actuel Sri Lanka – autrefois Ceylan –, en un seul bond. Il faut dire que la divinité d'Hanuman se montre à ses capacités : par exemple, il peut changer de proportion et devenir un singe géant.

Dans l'île du Lanka, il trouve Sita prisonnière, se débrouille pour pouvoir lui parler en échappant à la surveillance du démon et lui annonce sa libération. C'est alors que se produit un épisode étrange.

Hanuman pourrait libérer Sita tout de suite. Il suffirait qu'il la prenne sous son bras et que du même bond prodigieux il retourne en Inde où se trouve Rama, et que se passe-t-il ? Sita refuse.

L'histoire de Rama et Sita n'est pas celle qu'on croit.

Sita, en bonne princesse, décide que ce n'est pas à un singe de la délivrer, mais que son mari héroïque doit venir la délivrer en personne. Au passage, Sita précise qu'il ne suffit pas que son mari la délivre, non ! Il faut la plus complète victoire sur le démon.

Hanuman fait donc le service minimum, mais pour bien marquer l'esprit de l'ennemi, il incendie la ville de Ravana, capitale du royaume du Lanka.

On remarque toutefois qu'en incendiant la ville, Hanuman évite un palais, et un seul. C'est le palais du frère de Ravana. Il se trouve que celui-là est un bon rakshasa.

Un bon mangeur d'hommes ? Eh oui, ça arrive ! Il y a des bons cannibales et des mauvais. Ravana et sa sœur sont de mauvais mangeurs d'hommes, mais Vibisana, leur frère, est un bon cannibale. Vibisana a une idée en tête. En se rangeant du côté du prince Rama, il pense succéder à son frère après la défaite. On peut être un bon cannibale et un calculateur.

Ayant incendié la ville, Hanuman repart d'un même bond sans Sita, et va rendre compte aux deux frères de sa mission. Il n'y a plus d'autre solution qu'une bataille. Sans avoir l'ampleur énorme du *Mahabharata*, elle est l'un des épisodes principaux du *Ramayana*. Les singes divins et vertueux sont massacrés. Autant de singes tombent morts dans cette bataille que d'hommes dans le *Mahabharata*.

À la fin des combats, Ravana meurt dans un incendie.

Mais ce n'est pas indifférent, car Ravana est un brahmane.

Comment commettre pieusement un crime interdit ?

C'est un point sur lequel la plupart des Indiens insistent.

Toute la difficulté pour le prince Rama, c'est qu'il est d'une caste de guerriers, inférieure à celle de son assaillant.

Car Ravana a beau être un sorcier, un démon, un cannibale, c'est un brahmane. Or le brahmanicide est strictement interdit. Rama est payé pour le savoir ! C'est à la crainte d'un brahmanicide qu'il doit d'avoir été destitué par son père.

Pour un guerrier comme Rama, mettre à mort un brahmane est un enjeu phénoménal.

En réalité, il n'y a qu'une seule solution, que nous avons déjà vue à l'œuvre avec la mort de Drona sur le champ de bataille du *Mahabharata*.

Il faut que le brahmane consente à sa propre mort, sinon, toute personne qui le tuera se rendra coupable d'un crime puni de mort. Il faut cerner l'ennemi brahmane cannibale, et l'obliger à se suicider.

Ravana incendié ? La solution est élégante.

Chaque année, dans le nord de l'Inde, se déroule la fête de Dussehra. Sur les places publiques, ou de grandes prairies, on dresse d'immenses pantins de carton peint. Ils sont couronnés et armés, généralement noir, rouge et or. Ces pantins sont bourrés à craquer de feux d'artifice et, le moment venu, quand on y met le feu, les pantins explosent et libèrent ces feux d'artifice. Ce pantin, c'est Ravana. Ce gigantesque héros de carton-pâte, qui explose chaque automne, c'est Ravana. Il a dix têtes et vingt bras, et lorsqu'il brûle, ses dix têtes bien rangées basculent toutes ensemble au début de l'explosion.

Je n'en ai pas fini avec les exploits du singe divin.

En hommage à Octavio Paz

Il n'est pas seulement l'incarnation du dévouement et de la force absolue. Il a eu assez d'intelligence, au moment de la bataille, pour construire un pont entre le Lanka et le Tamil Nadu. C'est donc un ingénieur extrêmement doué. Quelquefois, c'est son corps lui-même, démesurément étendu, qui fait le pont. Hanuman est également médecin herboriste. Il parcourt les Himalayas pour soigner les blessés sur le champ de bataille. Enfin, c'est tout à fait intéressant, Hanuman est également grammairien.

Octavio Paz, le grand écrivain mexicain, qui fut ambassadeur en Inde en son temps, a écrit un très joli livre, *Le Singe grammairien*, où il décrit notamment la solitude nostalgique de la petite vallée de Galta, à huit kilomètres de Jaipur.

C'est une toute petite vallée escarpée où les pèlerinages sont consacrés aux avatars de Vishnou en général. Dans les avatars de Vishnou, il y a le prince dieu Rama, et quand il y a Rama, Hanuman n'est pas loin. Voilà comment l'on retrouve le singe grammairien dans une petite vallée perdue du Rajasthan.

Plus récemment, dans un roman troublant, *Au nom de l'extase*, le psychanalyste indien Sudhir Kakar a situé les transes mystiques de son héros à Galta, dans le temple majeur qui domine les escarpements.

J'y ai fait une expérience tout à fait curieuse.

Un jour de pèlerinage, nous faisions tous la queue pour aller voir, sur l'une des petites marches qui conduisent aux temples dans cette petite vallée, un veau à cinq pattes.

Le veau à cinq pattes est aussi important que les cinq têtes de Brahma ou les cinq frères Pandava, car le chiffre cinq est très important. La malheureuse bête, un ravissant petit veau blanc, avait en effet quatre pattes, et une cinquième qu'on lui avait greffée, très visiblement, au milieu du front.

La cinquième patte pendouillait sur le museau de l'animal, c'était très triste. Mais comme c'était dans un jour de pèlerinage, la petite bête était couverte d'un manteau rouge et tout le monde se prosternait devant le veau que sa cinquième patte transformait en une divinité.

Hanuman, sans disparaître du *Ramayana*, cesse d'être le personnage principal lorsque la victoire de Rama est assurée. En revanche, le *Ramayana* n'est pas fini.

Les fins multiples de l'épopée

Le prince Rama retourne avec son frère et son épouse dans la ville d'Ayodhya, il reprend ses sandales sur le trône, et l'on pourrait se dire que tout est bien qui finit bien.

Eh bien justement, pas du tout.

Dans les versions populaires, oui, on nous montre le retour triomphal de Rama et Sita dans leur bonne ville sous des pluies de roses. C'est ce qui s'est passé dans le feuilleton télé. Je me souviens avoir eu une discussion très intéressante avec le directeur de la télévision nationale, un lettré qui connaissait bien les textes authentiques du *Ramayana* et qui était très ennuyé, car ce *happy end* amoureux n'était pas la seule fin possible du *Ramayana*.

« Il faut satisfaire la dévotion populaire », disait-il. En effet !

On adore, dans l'Inde du Nord, « Ramasita », seule divinité unique, comme on adore « Radhakrishna », seule divinité unique faite d'un homme et d'une femme, Rama et Sita, ou Radha avec son amant Krishna, accolés l'un à l'autre. Ce sont des images bifides. « On ne va pas casser le mythe du couple amoureux. Cela fonctionne pour Rada et Krishna, on ne va pas briser le mythe de Rama et Sita », me disait-il.

La vérité textuelle est assez différente.

Dès leur retour dans la ville d'Ayodhya, la discorde éclate entre les deux époux. Pourquoi ?

Voici le texte de Valmiki, auteur du *Ramayana* en sanskrit. (On se souvient que Tulsi Das l'a écrit en hindi plus tard). Je prends ces extraits dans un livre admirable de Catherine Weinberger-Thomas, *Cendres d'immortalité*.

« Dans le *Ramayana* de Valmiki, Rama accueille son épouse reconquise par de cruelles paroles de répudiation. "Un doute plane sur ta conduite et ta présence devant moi m'offusque aussi fort qu'une lampe devant un œil malade. Désormais, va-t'en où bon te semblera. Je te congédie, ô fille de Janaka. Je n'ai plus à faire avec toi. Une femme qui séjourna dans la maison d'un autre, quel homme d'honneur et de bonne famille se laisserait égarer par la passion au point de la reprendre ? Ravana t'a souillée en te pressant contre son sein et en jetant sur toi des regards lascifs. Comment te reprendrai-je, moi qui me réclame d'une race illustre ?"

Bouleversée, Sita proteste de son innocence, puis elle demande au jeune frère de son mari, Lakshmana, de lui dresser un bûcher, seul remède à ses maux. Baissant la tête sous l'opprobre, Sita fait alors trois fois le tour de Rama, le tenant à sa droite en signe de dévotion, avant de pénétrer dans le brasier en invoquant le dieu du feu Agni. Et elle parle : "Comme mon cœur jamais ne se détacha de Rama, qu'ainsi le spectateur de l'univers m'accorde son entière protection." Le spectateur de l'univers, c'est le dieu du feu. "Comme je suis de mœurs pures, et bien que Rama me croie souillée, qu'ainsi le spectateur de l'univers m'accorde son entière protection." »

Agni rend à Rama son épouse en se portant garant de sa pureté.

Puisque sa chasteté a triomphé de l'épreuve du feu, Rama finit par l'accepter.

On voit bien qu'il s'agit d'une ordalie, comparable à celles que l'on trouve dans le cycle du Graal ou dans les légendes celtiques. Toujours la femme, toujours sa chasteté en jeu.

Iseult elle-même a réussi à ruser dans une ordalie du même genre dans le roman de *Tristan et Iseult*, lorsqu'elle jure qu'elle n'a jamais été touchée par personne d'autre que son époux et l'homme qui la tient dans ses bras pour traverser la rivière, passage de l'ordalie. L'homme qui la porte dans ses bras ? C'est Tristan, déguisé en mendiant lépreux auquel personne ne prend garde !

Conscient que l'épreuve infligée à Sita gâchait un peu la fête du retour, Tulsi Das, l'auteur du *Ramayana* en hindi, a trouvé une solution. Mais moi, j'ai mon idée sur le revirement de Tulsi Das.

Avant de devenir écrivain, il était si follement épris de sa jeune épouse qu'il ne la quittait pas d'une semelle. Partout où elle allait, Tulsi Das la suivait. Légèrement agacée, la jeune femme lui dit : « Si tu avais pour le dieu Ram la même flamme que la mienne, tu serais plus heureux ! »

Aussitôt, Tulsi Das se met à écrire l'épopée du dieu Ram en hindi. C'est dire s'il avait une dette envers toutes les épouses. Est-ce pour cette raison qu'il a trafiqué la donne ?

Tulsi Das invente qu'au début de leur exil, Rama prévient Sita des épreuves qui les attendent. Alors, pour lui éviter le déshonneur, le prince Rama fabrique une fausse Sita, une sorte de fiction, et va mettre sa femme à l'abri quelque part dans la forêt.

Tout ce qui arrive à Sita – l'enlèvement, le confinement dans le gynécée de Ravana, la séduction manquée du démon –, toutes ces aventures ne concernent pas la vraie Sita, qui est bien à l'abri.

Dans l'une des variantes de *L'Iliade*, Ménélas pardonne à la belle Hélène de l'avoir honteusement trahi avec Pâris, le Troyen. Tout ce qui arrive à Hélène ne la concerne pas : avant d'être enlevée par le Troyen, les dieux ont fabriqué une fausse Hélène. Lorsque les époux se retrouvent, la fausse Hélène n'est qu'une péripétie. Lorsque les époux se retrouvent dans le *Ramayana*, Rama n'a plus qu'à liquider l'image fictive et retrouver sa femme. Tout va bien !

Tulsi Das ne perd pas le fil de l'épopée. Étrange est le refuge où Rama a mis sa femme à l'abri pendant que va se dérouler l'essentiel du *Ramayana*.

Il la cache au cœur d'un brasier. Est-ce que cela n'est pas admirable ? Quand il ne la fait pas entrer dans le feu parce qu'il la rejette, il la met à l'abri dans le feu.

Certes, elle n'est pas brûlée, certes, c'est un refuge, certes elle est sous la protection d'Agni, le grand dieu du feu, mais tout de même ! Entre les femmes et le feu en Inde, se joue une très longue histoire.

Et voilà pourquoi j'ai pris cet extrait dans *Cendres d'immortalité*, livre consacré au sacrifice des veuves sur le bûcher.

15

Le *Ramayana* femmes en flammes

Roop Kanwar, en mémoire

Je suis arrivée en Inde pour y vivre cinq ans, le 14 septembre 1987. Le lendemain, la presse indienne ne parlait que de cela, j'ai découvert que dix jours plus tôt, dans le petit village de Deorala, en plein cœur du Rajasthan, une femme de dix-sept ans s'était brûlée vive sur le bûcher funèbre de son mari.

Elle s'appelait Roop Kanwar.

Il y eut un énorme scandale, il y eut des manif' féministes, j'y étais. Mais, instruite par une vieille amie indienne, Pupul Jayakar, une de ces anciennes militantes de la lutte pour l'Indépendance qu'on appelle les *Freedom Fighters* (les Combattants de la liberté), je n'ai pas cru un seul instant, comme le disait la presse anglophone indienne, que cette jeune femme ait été traînée de force, droguée à l'opium et mise sur le bûcher. Non, pas du tout.

À dix-sept ans, selon ma vieille amie, la pression sociale, l'exaltation intérieure et l'influence du *Ramayana* étaient largement suffisantes pour susciter le suicide par le feu de cette gamine. Les récits qui concernent les dieux et les déesses ne sont ni inoffensifs ni indifférents, même dans les temps modernes.

La reine Sita a fait trois fois le tour du bûcher, elle a demandé la protection du dieu du Feu, puis elle est montée sur le bûcher et en est ressortie intacte. On notera – et Catherine Weinberger-Thomas le remarque très justement – que tourner trois fois autour du bûcher est un geste qu'une épouse accomplit pendant les noces, non autour du bûcher, mais autour du mari.

Le *Ramayana* n'est toujours pas terminé.

Il y a un dernier livre, *Uttarakhanda* (personne ne sait qui l'a écrit, cela n'est certainement pas Valmiki, c'est un ajout ultérieur). Après avoir repris son trône, ses fonctions, et après l'ordalie qu'il impose à Sita, le roi Rama retrouve également ses soupçons.

Et cette fois, ils sont irrésistibles.

N'ayant pas été convaincu par l'épreuve du feu, il exile la malheureuse Sita dans la forêt, où elle trouve refuge dans l'ermitage de Valmiki, c'est-à-dire dans l'ermitage de l'auteur du *Ramayana*. On se souvient d'une pirouette du même genre avec Vyasa, l'auteur du *Mahabharata*, qui procrée ses personnages principaux.

Dans la forêt, la malheureuse Sita accouche de deux jumeaux, Kusa et Lava, authentiques enfants de son mari Rama qui en ignore tout. Il faut les longues années de la formation et de l'éducation de ses deux fils pour que l'affaire se dénoue.

Une fois adultes, les deux fils forcent leur père Rama à reconnaître l'innocence de leur mère. Il faut imaginer la scène ; Rama a vingt ans de plus, c'est un vieux roi, on n'oublie tout de même pas que c'est un dieu, et ses deux fils l'apostrophent : « Voilà, nous sommes tes enfants, les fils de la malheureuse que tu as condamnée par injustice. »

Alors Rama rappelle son épouse.

Mais c'est trop tard.

Sita, extrêmement offensée, demande à la Terre de l'engloutir. Et la Terre s'ouvre pour engloutir la reine Sita. On se souvient qu'elle était née du sillon que son père avait tracé à la charrue pour délimiter l'aire du sacrifice. Eh bien, née d'un sillon, Sita retourne dans le sein de sa mère.

On comprend la gêne du patron de la télévision nationale indienne puisqu'il avait choisi d'arrêter le texte du *Ramayana* à la version la plus populaire, celle qui ne va même pas jusqu'à l'ordalie par le feu. Mais il n'avait pas tort !

L'illustre Kapila Vatsayan, ancienne danseuse classique, historienne consacrée, affirme que, dans les campagnes, les femmes des villages chantent tout autrement la fin du *Ramayana*. Elles insultent Ram, le rabrouent, le forcent à se reprendre, ramènent Sita en gloire au foyer conjugal, bref !

Il y a beau temps qu'on sait comment les villageoises, dans l'Inde profonde, se montrent joyeusement insolentes avec les dieux. L'ethnologue Jean-Luc Chambard a recueilli de nombreuses chansons célébrant Jawaharlal Nehru, premier Prime Minister de l'Inde indépendante : eh bien, elles ne sont pas tristes, les chansons gaillardes des femmes dans les villages.

Pourtant, je n'ai jamais été totalement convaincue. Je crois que le martyre de Sita reflète quelque chose du statut des femmes hindoues.

Le bleu, couleur de l'impureté

Rappelons le système des castes, ou plutôt des *varna*, mot sanskrit pour désigner les classements des humains par hiérarchie décroissante dans l'ordre de la pureté. (Le mot « caste » est un mot portugais qui signifie tout simplement « pur ».)

À chaque *varna* correspond une couleur.

La couleur du brahmane, c'est le blanc ; la couleur du guerrier, c'est le rouge ; la couleur du marchand, c'est le jaune ; la couleur du serviteur, c'est-à-dire des pieds de Brahma, c'est le bleu indigo.

L'indigo est la couleur de l'impureté. Je me souviens d'avoir éprouvé quelques difficultés, entre 1987 et 2000, à trouver un véritable bleu profond dans l'Inde du Nord. Quand on demande *nila*, du bleu, on vous sort du violet ou du turquoise.

Où trouve-t-on les plus beaux bleus ? Au Penjab, région peuplée par les Sikhs. Quel rapport ? Le sikhisme est un monothéisme résolument égalitaire, extrêmement strict en ce qui concerne l'égalité entre les hommes et les femmes. J'irai jusqu'à dire que le bleu indigo est la couleur de l'égalité interdite. Me suis-je éloignée de Sita ? Je ne pense pas.

Lorsqu'une femme décide de devenir *sati*, rejoignant en quelque sorte le destin de Sita, sa famille peut l'en empêcher en l'arrosant d'eau teintée d'indigo. Aussitôt, cette veuve est impure et ne peut plus se brûler, car pour monter sur le bûcher – il s'agit d'un sacrifice volontaire –, il faut être absolument pure.

Les conditions de ce suicide sont rigoureuses. Il faut que la veuve soit pubère, entièrement libre de sa décision, qu'elle n'ait pas ses règles et qu'elle ne soit pas enceinte.

Et il ne faut pas qu'elle ait la moindre tache de bleu indigo sur le corps.

Catherine Weinberger-Thomas remarque très justement que les femmes dans l'Inde ancienne – princesse, reine, lavandière – sont toujours associées aux serviteurs, auxquels est associée la couleur indigo. D'ailleurs, excepté dans la doctrine du Tantra, elles n'ont pas d'accès aux textes et au savoir.

Que leur reste-t-il ? La *Bhakti*. C'est, par exemple, la dévotion de Parvati, qui se fait végétale pour conquérir Shiva. C'est, par exemple, ce que fait la reine Gandhari, l'épouse du roi aveugle au début du *Mahabharata* quand elle s'aveugle volontairement. C'est aussi la dévotion de Draupadi, qui jeûne à mort sur le champ de bataille pour obtenir sa vengeance ; c'est celle de la fille Amba, qui se suicide pour renaître garçon, sort plus intéressant. C'est une dévotion extrême.

Au comble de cette dévotion se trouve le rituel des *satis* brûlées vives.

Certes, Sita a échappé à ce sort. Elle est passée par le feu, elle en est ressortie vivante. Mais les veuves qui se brûlent sur le bûcher, également.

Car du point de vue hindou, elles ne sont pas véritablement mortes puisque – et c'est là tout l'intérêt de faire le détour par ce rite – les veuves qui brûlent sur le bûcher sont divinisées aussitôt.

La montée de l'étant

Cela commence par un cri que Catherine Weinberger-Thomas nomme le cri fatal : *Sat Sat Sat*. C'est ce qu'on appelle la montée du *Sat*.

Sat, en sanskrit, signifie « ce qui est ». C'est la réalité, c'est l'existence dans son dévoilement même, idée assez proche de ce que Heidegger appelle « l'étant ». De *Sat* vient le terme *Satya*, la vérité, ou même, *Satyagraha*, la fermeté dans la vérité, concept forgé par le Mahatma Gandhi.

La veuve crie : « *Sat Sat Sat* ! », et dit tout de suite après : « Je veux manger le feu. »

Phrase très étonnante ! Le cri doit être poussé tout de suite après la mort du mari ; si c'est le lendemain, il n'a plus de valeur. C'est un cri pur, loin de tout calcul familial, un cri de possession instantanée. Et c'est le cri que pousse Sita lorsque Rama la soupçonne. Un cri mystique d'amour absolu : « Je veux manger le feu », et non pas « Je veux que le feu me mange ». Une faim dévorante.

Le rituel est complexe et minutieux. La veuve est en sari de mariée, rouge et or, car ce sacrifice sur le bûcher est un second mariage. Avant d'entrer dans l'espace du bûcher – comme c'est émouvant de voir ça sur les murs des forteresses de Jaisalmer ou de Jodhpur –, la future petite *sati*, si elle est de famille royale, appose l'empreinte de sa main sur une petite parcelle qui lui est réservée – on a toujours l'empreinte de ces mains de femmes brûlées.

Elle tient une noix de coco à la main, c'est le crâne sacré de Brahma. Elle monte sur le bûcher, s'assied en position de lotus, la tête du mari sur les genoux.

L'espace d'un instant, elle a le droit de bénir, ou de maudire, les gens de sa famille. Si elle a ce pouvoir, c'est qu'elle est déjà presque déesse.

Ensuite, elle ordonne qu'on allume le feu et elle brûle, et c'est fait, elle est divinisée, capable d'apporter la prospérité au village.

Ce rite avait été interdit par les Anglais en 1829, à la demande de Ram Mohan Roy, le puissant réformiste bengali, enterré dans l'abbaye de Westminster. Eh bien, le 4 septembre 1987 – ce n'était pas la première fois que ça arrivait dans le Rajasthan –, la petite Roop Kanwar se brûla vive.

Il y eut des pèlerinages considérables au village de Deorala. Les parents du mari et ceux de la petite recevaient sous un dais les offrandes ; c'est très rentable, une veuve brûlée vive. Les nationalistes apportèrent un soutien extrême à ce rite dont ils disent que c'est l'identité même de l'Inde. L'affaire alla si loin que Rajiv Gandhi, qui était alors Premier ministre, fit couper les routes du village de Deorala pour mettre fin aux pèlerinages sur le site du sacrifice de Roop Kanwar. Il entreprit même de légiférer. Eh bien ! C'était presque impossible. En sortit une loi interdisant l'incitation au suicide, point final.

Il y eut des survivantes, des femmes qui se sont vraiment jetées dans le bûcher et qui ont survécu, empêchées au dernier moment. Soit que leur famille ait réussi à leur jeter de l'indigo sur la peau, soit que la police les ait fait descendre du bûcher. Étrangement, dès qu'elles ont poussé le fameux cri « Sat Sat Sat », dès l'instant qu'elles sont montées sur le bûcher, installées dans la position rituelle avec la tête du mari dans le giron, elles seront mères-*sati*, même si elles survivent.

Catherine Weinberger-Thomas en a rencontré deux, qui racontent leurs mémoires d'ex-veuves brûlées. Elles sont des divinités vivantes, adorées comme si elles étaient mortes. Mais s'agit-il d'une mort quand elles deviennent *sati* ? Devenir déesse, est-ce mourir ?

Pour l'Inde ancienne, et c'est ça le scandale, cet acte qu'on pourrait supposer d'amour fou, mais qui traduit une terrible haine, est une admirable sublimation.

Catherine Weinberger-Thomas remarque, à très juste titre, que toute crémation d'un corps sur un bûcher – beaucoup d'indianistes l'ont remarqué – est un sacrifice. Ce n'est pas pour rien qu'on verse sur le cadavre, lorsqu'il est sur le bûcher, du beurre clarifié. C'est une dépouille que l'on brûle, mais c'est également une victime que l'on offre aux dieux. Bien !

Dans la conception classique du mariage hindou, la femme est la dévote du mari, elle est l'ombre du mari sur terre, elle est sa moitié d'amande, et encore ! Lorsqu'une *sati* monte avec son mari mort sur le bûcher, elle prolonge ce sacrifice expiatoire. Elle rajoute un peu de victime humaine à la victime morte. Le fait que cette chair humaine, c'est-à-dire elle, la veuve, soit vivante, compte assez peu.

L'essentiel n'est pas cela. C'est l'oblation.

« Le feu peut-il brûler le feu ? »

Pour faire comprendre que la *sati* ne meurt pas sur le bûcher où ses chairs brûlent vives, Catherine Weinberger-Thomas écrit ceci : « La *sati,* semblable à Sita dans le *Ramayana* de Tulsi Das, remplacée dans le brasier par une ombre factice, ne subit aucun dommage. Le feu du *sat*, l'essence de son être, produit un phénomène d'autocombustion miraculeuse, sans brûlures ni souffrances, qui la transforme en entité divine, sous les yeux des milliers d'hindous qui assistent à la scène. Le feu peut-il brûler le feu ? »

Cela signifie donc que Sita est le feu. Elle s'est mise sous la protection du feu, car elle serait elle-même une image du feu. L'idéal du mariage hindou est en jeu. En passant par le feu, Sita accède à la divinité et rejoint celle de Ram. Elle n'est plus l'ombre portée de l'époux, elle n'est plus la dévote de son dieu conjugal. Faut-il, pour accéder à l'égalité, que le mari meure et que sa veuve grille ?

Les mariages par enlèvement, notifiés dans les Veda, n'existent plus que dans les mythes. Les mariages d'amour passion, reconnus par les Veda, ont disparu depuis longtemps, et ne réapparaissent que dans les couches moyennes aisées, très éduquées, parfois encore sous l'influence, déjà ancienne, des leaders de l'Indépendance, Nehru surtout, parce qu'il était farouchement athée. Mais si l'on se souvient que 99 % des mariages en Inde sont arrangés par les familles, si l'on n'oublie pas que, dans le meilleur des cas, les promis se sont à peine vus – quelques heures de promenade la veille du mariage –, on est en droit de questionner le mariage hindou.

16

L'océan des histoires
et le vampire taquin

La Grande Histoire

Nous avons parlé des deux grandes épopées de l'Inde, le *Mahabharata* et le *Ramayana*, mais il y eut une troisième épopée qui s'appelait *La Grande Histoire*.

Magnifique titre ! Elle aurait été écrite par un certain Gunadia, dont on ne sait rien.

Malheureusement, le texte s'est perdu, mais des contes sont restés, recueillis au XIe siècle par un lettré du Cachemire – le Cachemire est un pays de brahmanes extraordinairement lettrés.

Somadeva a écrit un texte qui n'est pas l'épopée, mais qui en est le reflet, *L'Océan des rivières de contes* (c'est le titre de La Pléiade qui lui est consacré), plus prosaïquement intitulé *Ocean of Stories* dans la version traduite par un certain Thonay, dans les années 1920, en Inde. On y trouve des bribes des deux grandes épopées, des traces des Pandava, des restes de Sita et Rama.

Les dieux interviennent dans la vie des humains, qui sont le plus souvent des rois, mais aussi des dentistes, quelquefois des lavandières ou bien des fabricants d'ivoire. En tout cas, il y a des basses castes, ce qui est beaucoup plus plaisant.

Ce sont des contes. Claude Lévi-Strauss, au détour de son grand œuvre *Les Mythologiques,* explique que les mythes ont pour fonction d'établir des oppositions fortes qu'ils relient entre elles par leur récit, structures qui rendent compte du passage de la nature à la culture.

Mais la multitude des transformations mythiques finit par produire un épuisement des formes. Lévi-Strauss imagine un linge mouillé qu'on aurait trop essoré, trop tordu, et qui serait devenu sec. Quand les mythes sont à leur naissance, les tissus des images qu'on essore expriment beaucoup d'eau. Mais, lorsque les mythes ont été trop tordus, vient le temps du conte, dit Lévi-Strauss, ou du roman, la forme la plus dégradée du mythe.

Eh bien, avec *L'Océan des rivières de contes*, on vit dans ce temps-là. Mais aussi, il faut bien le dire, dans un rapport beaucoup plus vivant entre hommes et dieux.

Nala et Damayanti, par exemple. Titre : *Ceux qui s'aiment finissent toujours par se retrouver*. Enfin une histoire qui finit bien ! On est loin de la noirceur métaphysique de la fin du *Mahabharata*, ou de la cruauté morale de la fin du *Ramayana*.

Le cygne qui parle sous la robe d'une fille

Voici donc l'histoire du roi Nala qui cherchait une épouse et apprit que la fille de Bhima – revoilà notre Bhima, fils du Vent dans le *Mahabharata* – apparemment lui conviendrait.

Elle est belle, elle est parfaite, elle est petite-fille du Vent et elle s'appelle Damayanti.

Damayanti joue dans un lac, voit un cygne céleste qui mord des lotus bleus et des nymphéas. Elle attrape le cygne et le met sous sa robe. De sous la robe, le cygne prisonnier alerte la princesse. « Libère-moi, lui dit-il, j'irai chercher un bon mari, il s'appelle Nala, il est pour toi. » Damayanti libère le cygne et se jure qu'elle n'aura pas d'autre mari que ce fameux Nala.

Le cygne céleste vole vers Nala qui joue dans un lac et s'y baigne. Nala voit un cygne qui mord des lotus et des nymphéas bleus et comme Damayanti, il attrape le cygne et le met sous sa robe. De sous la robe de Nala, le cygne évoque Damayanti.

Si bien que, grâce au cygne, Nala et Damayanti ont entendu parler l'un de l'autre. La princesse demande donc à son père d'organiser un mariage par choix libre dans lequel la fille choisit parmi les prétendants alignés. Le roi convoque les prétendants et Nala se met en route.

Mais voilà, quelques dieux se mettent sur les rangs.

Cinq dieux prétendent à ce mariage. Indra, le roi des dieux ; Vayu, le Vent (c'est pourtant de sa petite-fille qu'il s'agit) ; Yama, le dieu de la mort ; Agni, le dieu du feu ; et Varuna, fils de la boue et du vin, dieu des océans. Quand ils rencontrent Nala, ils le chargent tout de go d'aller prévenir Damayanti que, cinq dieux étant sur les rangs, ce n'est même pas la peine qu'elle espère épouser Nala, qui n'est pas dieu, mais un simple mortel qu'elle doit récuser.

Nala n'a pas le choix, on ne désobéit pas aux dieux.

Il va donc voir sa bien-aimée, tombe immédiatement amoureux d'elle, mais lui transmet le message des dieux, il n'est pas pour elle, les dieux sont prioritaires.

Damayanti ne veut pas des dieux. Au moment de la présentation officielle, les dieux, très mécontents, jouent un tour au jeune couple et prennent tous les cinq les traits du prince Nala. Il y a donc six Nala devant la princesse Damayanti.

Comment faire ? Elle n'est pas dupe. Elle fait donc une invocation au dieu Soleil et les cinq dieux sont démasqués. Nala et Damayanti se marient, tout va bien, sauf que, naturellement, l'histoire se complique.

Encore un héros joueur !

Au retour, sur le chemin, Indra, Vayu, Varuna, Yama et Agni croisent deux petits dieux très mauvais. Nous connaissons le premier : Kali, le dé à jouer dont la face est marquée d'un point, et qui s'est incarné précédemment dans Duryodhana, le chef des Kaurava. L'autre s'appelle Vapara, c'est l'autre face du dé à jouer. Ils seront les fauteurs de troubles.

Pendant que les petits dieux des dés complotent avec les cinq grands dieux, les époux se marient, ont deux enfants, un fils d'abord, une fille ensuite.

Le vilain Kali attend une faiblesse du roi pour s'introduire en lui. Et un soir, fatigué, le roi Nala ne se lave pas les pieds, il oublie sa prière… Et hop ! Le dieu Kali s'introduit en lui.

À compter de cet instant, le roi Nala est joueur. Il devient violent, séduit les servantes et, bien entendu, il joue aux dés. Pendant ce temps, Vapara, l'autre face du dé à jouer, se glisse dans la peau du frère de Nala, et le drame éclate.

Une partie de dés s'engage entre les frères, comme dans le *Mahabharata*, et, comme dans le *Mahabharata*, le bon roi Nala perd tout ce qu'il veut : son royaume, sa fortune, son patrimoine.

Il refuse de jouer sa femme et ne joue pas Damayanti comme Yudisthira avait joué Draupadi. Mais il part en exil avec elle, ayant perdu tout ce qu'il avait.

Séquence suivante.

Nala, éperdu de malheur, préfère abandonner Damayanti et ses enfants en ne lui laissant qu'une moitié de manteau.

Flanquée de ses deux enfants, la triste Damayanti trouve refuge dans la ville du roi Subaru qui, au bout d'un certain temps, finit par l'identifier et la reconduire chez son père. Mais Damayanti est une femme attachante, pleine de feu et d'intelligence. Elle a bien compris que son mari était sous l'effet d'une sorcellerie. Elle ne désespère pas, elle attend.

De son côté, dans la forêt, le roi Nala s'approche d'un feu quand soudain il entend la voix d'un serpent qui l'appelle à l'aide. « Éloigne-moi de ce feu, je ne veux pas brûler ! »

Plein de compassion, Nala prend le serpent sur ses épaules et le serpent lui demande de compter dix pas. « Éloigne-toi de dix pas et compte ! » Le serpent ayant ordonné, Nala obéit et fait dix pas. À cet instant, le serpent se dresse sur le visage de Nala, le mord au front et Nala devient un vilain nain, tout petit et tout noir. Ses bras rétrécissent, il n'est plus lui-même.

Gentiment, le serpent, malgré son allure de traître, l'avertit qu'il l'a mordu pour son bien… Et lui donne deux vêtements de purification par le feu lorsqu'il sera temps de retrouver son vrai corps. Nala, bien entendu, le croit. En Inde, même s'ils mordent, les serpents sont des créatures bénéfiques.

Transformé en nabot méconnaissable, Nala se fait engager comme cuisinier-cocher, car il est connu pour être à la fois un excellent cuisinier et un excellent cocher. Le roi Bhima, père de Damayanti, qui le cherche partout, le retrouve grâce à ses talents notoires.

Il n'est que temps ! Car pour forcer Nala à se dévoiler, le père de Damayanti fait semblant de vouloir la remarier.

Résultat ? Nala, cocher, conduit son royal patron aux noces simulées (mais il ne le sait pas) de sa femme. En chemin, son patron et lui, par jeu, décident d'échanger leurs dons.

C'est un moment très important. Cela n'a l'air de rien, cela s'introduit comme ça dans le récit comme une sorte d'épisode annexe, ce roi qui dit « J'aimerais échanger mes talents avec toi, je voudrais pouvoir faire aussi bien que toi. Donne-moi ton don de cocher et en échange, je te donnerai mon habileté aux dés. » L'habileté aux dés, cela fait frémir quand on connaît l'histoire de Nala le joueur !

Nala est un serviteur, déguisé certes, mais un serviteur n'a pas le choix. Il donne donc son art de la conduite du char en échange du don du roi au jeu de dés. Et il s'exerce au jeu, c'est une scène très intéressante, sur le comptage instantané des feuilles d'un arbre.

Il faut avoir vu jouer à ce jeu extraordinaire. On jette par terre un certain nombre de coquillages, de cailloux ou de haricots et le jeu consiste à pouvoir dire tout de suite combien il y a d'objets. Eh bien, à cause du don de Bhima, lorsque Nala regarde un arbre, il sait à l'instant combien l'arbre a de feuilles.

Il a hérité du don du jeu. Alors, vaincu, un petit homme noir et brûlé s'extrait du corps de Nala, qui retrouve à l'instant toute sa vertu.

Et qui est-ce ? Le petit dieu Kali, le dieu du jeu de dés. Il sort à l'instant où un véritable don du jeu, et sans triche, entre dans le corps de Nala. Voilà donc Nala délivré. Bonne nouvelle !

Ensuite, ça va vite.

Sa femme Damayanti reconnaît Nala malgré sa laideur et sa peau noire. Lorsqu'il est reconnu et pardonné, il endosse les deux vêtements de purification du feu que lui avait donnés le gentil serpent et redevient lui-même. Tout est bien qui finit bien. Ah, le frère ? J'ai oublié le frère.

Oui, c'est vrai. Nala a un frère. Qu'est-ce qu'il devient, celui-là ? Eh bien, il essuie une défaite dans une bataille avec Nala et, lorsqu'il est vaincu, il est déserté par l'autre petit dieu mauvais, Vapara, l'autre face du dé à jouer. Les deux frères se réconcilient. Cette fois-ci, *happy end*.

Un vampire sur l'épaule

Le système de narration des *Contes du vampire* est tout à fait amusant.

Un roi qui s'appelle Trivikramasena accepte chaque jour dans sa cour l'offrande d'une mangue offerte par un drôle de mendiant. Un jour, un singe chipe la mangue, commence à la grignoter, et le noyau de la mangue est une pierre précieuse.

Du coup, le roi se préoccupe de savoir ce que sont devenus les fruits des jours d'avant.

Il se trouve que l'intendant a jeté les fruits dans une réserve et que les fruits s'étant décomposés sous l'effet de la chaleur, il ne reste plus que les noyaux, un tas énorme de pierres précieuses, car cela fait quand même un bout de temps que le mendiant apporte des mangues au roi.

En échange du tas de pierres précieuses, le mendiant demande son aide au roi et lui donne rendez-vous dans un cimetière au pied d'un banyan, arbre sacré entre tous.

Il faut qu'il soit minuit. Le roi prend son épée. La scène est tantrique. On est sur un champ de crémation, des cadavres seront brûlés le lendemain, il fait très sombre, il y a des crânes partout, des ossements répandus, et le mendiant demande au roi de dépendre un cadavre aux branches du banyan, et de le lui apporter.

Le roi obéit, monte aux branches de l'arbre, dépend le cadavre et le prend sur son dos.

Quand le cadavre est sur son dos, retentit un rire narquois. C'est un vampire qui est dans le cadavre.

Comme le chemin est un peu long entre le banyan et le mendiant, le vampire, perché sur l'épaule du roi, lui raconte des histoires. Ce sont les contes du vampire.

À la fin de chaque histoire, le vampire saute de l'épaule du roi, retourne dans le cadavre, le cadavre se remet sur ses pieds et retourne dans les branches du banyan. Le roi retourne dépendre le cadavre et ainsi de suite.

Et chaque fois, perché sur l'épaule du roi, le vampire lui raconte une histoire.

J'ai choisi le deuxième conte.

Le meilleur mari de la fille du brahmane

Il y a un brahmane et sa fille.

Lorsqu'elle atteint l'âge du mariage, trois jeunes prétendants brahmanes se présentent et exigent que la fille ne soit donnée à aucun des deux autres, sinon ils se tueront.

Cas de conscience pour le papa brahmane : si deux brahmanes se tuent à cause de lui, il se rendra coupable du crime de brahmanicide et sera donc obligé de périr lui-même.

Comme le papa veut rester en vie, il préfère ne pas donner du tout sa fille en mariage. La fille reste vierge.

Les trois prétendants brahmanes restent là, contemplant la face lunaire et magnifique de la fille du brahmane. Elle meurt, emportée par les fièvres. Et c'est là que l'histoire se noue.

Les trois jeunes prétendants l'incinèrent selon les rites, dans la plus extrême douleur.

Ensuite, le premier prétendant brahmane bâtit une cabane sur les cendres de la jeune fille et mendie sans bouger de sa cabane.

Le deuxième prétendant brahmane réunit les ossements prélevés sur le bûcher et part pour les immerger au Gange.

Le troisième devient un ascète errant. Et un jour, il accepte l'hospitalité d'un autre brahmane.

Il est sur le point de manger une nourriture préparée par un brahmane lorsqu'il voit la maman brahmane jeter son nourrisson au feu sous l'effet de la colère. Indigné, l'ascète se met en colère à son tour, mais le père ressuscite l'enfant avec une formule magique en disant : « Ne vous souciez pas de ma femme, je sais ressusciter les morts, et voilà ma formule. »

Sous le coup d'une inspiration subite, l'ascète chipe le texte de la formule de résurrection et part à la recherche des cendres de sa bien-aimée.

Il retrouve le brahmane n° 1, celui qui a bâti une cabane sur les cendres du bûcher, il retrouve le brahmane n° 2, celui qui a réuni les ossements pour les immerger dans le Gange, et tous trois se mettent à l'ouvrage.

On détruit la cabane pour découvrir les cendres, on remet les ossements au milieu et l'ascète lit l'incantation de résurrection. La petite ressuscite.

Chaque conte du vampire se termine par une série de questions que le vampire pose au roi sur l'épaule duquel il est perché.

Voici donc les questions du vampire.

De qui cette jeune fille est-elle la femme, maintenant ? Chacun des trois la revendique. Est-elle la femme de l'ascète qui l'a ressuscitée avec la formule ? Est-elle la femme de celui qui a ramassé les ossements ? Ou la femme de celui qui a gardé les cendres en construisant une cabane par-dessus ?

Et le roi doit répondre au vampire car s'il ne répond pas, son crâne éclatera à l'instant.

Et voici la réponse du roi : celui qui a ressuscité la jeune morte avec une formule lui a redonné la vie, c'est donc plutôt un père qu'un mari ; celui qui a pieusement ramassé les ossements s'est comporté comme un fils, c'est donc plutôt un fils qu'un mari. Et c'est donc le troisième, celui qui a fait la cabane, qui est véritablement le mari de la ressuscitée.

17

Contes du vampire : l’aigle, le prince et le serpent

Comment se transmettent les contes et les légendes ? Comment se fait la transmission des mythes en Inde, dans un pays où ils sont si vivants ? Eh bien, naturellement, en famille quand il n'y a pas la télévision, dans les bandes dessinées pour ceux qui savent lire – ou même pour ceux qui ne savent pas lire.

Je me souviens d'un jeune ascète paysan que j'avais rencontré sur les quais de Bénarès, un *Nagababa*. Les Nagababa sont des ascètes apparemment nus : ils ne portent aucun vêtement, mais leur peau est entièrement couverte d'une fine couche de cendres changée tous les jours. C'est leur vêtement. Ce jeune Nagababa commentait les bandes dessinées allègrement alors qu'il ne savait pas lire et se livrait à des improvisations admirables. Il délivrait ses commentaires mythiques sur une barque qui emmenait les pèlerins vers l'autre rive de Bénarès, la rive déserte où ne se trouvent que les yogis, l'air et les dieux.

La transmission se fait aussi au cinéma. Sur les 950 films par an produits par l'Inde – c'est la plus grosse production mondiale de films –, nombre de dieux apparaissent dans ce genre extravagant que sont les *hindi movies*, qui durent quatre à cinq heures avec entracte, enchaînent la tragédie, l'épopée, la comédie musicale, le mélo, la farce, le drame romantique, et se terminent souvent par une fin nostalgique. Jamais les dieux n'y sont adaptés textuellement, comme il peut nous arriver de le faire en Occident. Certes, le genre péplum s'écarte des textes antiques, mais ils les respectent, ils ne les mélangent pas. Au contraire, le cinéma indien est animé d'un total irrespect des mythes, parfois joyeusement mélangés à des intrigues contemporaines. Pourquoi ? Simplement, les mythes vivent en Inde alors que chez nous, ils sont morts.

Le prince qui ne voulut pas de l'arbre à désirs

Voici le seizième conte du vampire narquois perché sur l'épaule du roi. Titre : *Comment Jimutavahana s'offrit lui-même en sacrifice*. On y trouve la présence de Shiva, mais aussi des traces du Bouddha et de Vishnou. Belle coexistence.

Sur la plus haute montagne de l'Himalaya où vivent Shiva, son épouse Parvati et la petite Ganga prisonnière dans le chignon du dieu, se dresse une ville magnifique. Dans cette ville se trouve le chef des porteurs de science, roi des génies aériens, intermédiaires entre les hommes et les dieux.

Ces génies aériens sont les Vidyadhara. Leur prince est Jimutavahana, un prince parfait.

Dans le jardin de son père pousse, c'est magnifique, un arbre à désirs. Les ministres du roi disent au jeune prince : « Il faut honorer constamment l'arbre à désirs ! Il faut sans arrêt lui demander quelque chose ! » Mais le jeune prince réfléchit et comprend que cet arbre a toujours été imploré pour des biens matériels.

« Ceux qui ont exprimé de si vils désirs devant cet arbre magique l'ont rendu méprisable ! » pense le prince.

Il demande à son père l'autorisation d'obtenir de l'arbre à désirs la réalisation d'un vœu inouï : un bienfait qui ne serait pas pour lui, mais pour quelqu'un d'autre.

Cela n'a jamais été fait. « Soit, dit le roi, qu'il en soit ainsi. »

Alors Jimutavahana parle à l'arbre. Il lui dit : « Fais en sorte que la Terre soit délivrée de toute pauvreté. » Chose tout à fait surprenante, l'arbre répond. Une voix sort de l'arbre et dit : « Puisque tu m'as abandonné, je m'en vais ! »

Et l'arbre disparaît, faisant tomber sur terre une pluie de richesses.

Il n'y a plus de pauvreté, mais il n'y a plus de désirs. Plus un seul pauvre.

La gloire du jeune prince s'étend sur l'univers. Mais sa famille ne l'entend pas de cette oreille. Puisqu'il n'y a plus d'arbre à désirs, puisqu'on ne peut plus satisfaire ses désirs dans ce royaume des génies, il ne reste plus qu'à faire la guerre.

Le prince dit à son père : « Laissons-les faire ! Partons ! Devenons des renonçants. » Le père accepte.

Le prince se retire avec ses parents dans un ermitage situé dans le royaume des génies de Shiva, qu'on appelle les Sida. Bon !

Un jour le jeune prince rencontre dans le temple de Parvati une belle jouant du luth aux pieds de la déesse. Le texte dit – c'est ravissant : « Ses yeux noirs s'avancent vers ses oreilles comme l'armée des Pandava à travers les forces ennemies. » Coup de foudre entre les deux jeunes gens.

Elle s'appelle Malayavati. Et là, sur-le-champ, les deux s'épousent selon le rite charmant des Gandharva, c'est-à-dire qu'ils couchent ensemble avant d'être mariés.

Puis la mère de Malayavati l'appelle et la fille rentre au logis. Malheureusement les épousailles sur-le-champ doivent être confirmées très vite, sans quoi il n'y a plus de mariage. Et c'est ce qui se passe. La mère a appelé trop vite la fille et les deux amoureux tombent malades. Elle et lui, rongés par la passion.

À l'aube, la jeune femme Malayavati veut se pendre devant la statue de la déesse. La déesse l'arrête immédiatement : « Ne te pends pas ! Ton bien-aimé deviendra ton époux et sera l'empereur du monde. »

Obéissante, la belle ne se pend pas, un ami arrange les noces et tout est bien qui finit bien, en un premier temps du moins.

Un aigle dévorant

Le jeune prince et son ami partent en promenade au bord de la mer.

Là se trouvent des ossements rassemblés. Qu'est-ce que c'est ? « Oh, dit l'ami qui connaît tout, c'est une longue histoire. »

À la suite d'une guerre entre la mère des serpents et l'aigle divin Garuda (qui est la monture de Vishnou), Garuda entreprend de dévorer tout le monde des serpents.

Finalement, on négocie ; le roi des serpents offrira à l'aigle Garuda, sur le bord de la plage, un serpent de son peuple à dévorer par jour. Voilà ce que sont les ossements. C'est le festin quotidien de l'aigle Garuda.

Le jeune prince au cœur de Bouddha s'indigne et critique la férocité de l'aigle. Il critique également la couardise du roi des serpents et décide de s'offrir en victime à la place du prochain serpent. Et il reste seul sur la plage.

Voici venir un jeune homme et une vieille qui pleure. Le jeune homme, c'est le serpent quotidien. La vieille, c'est sa mère. Le serpent a les traits d'un jeune homme, ce n'est pas rare dans ce monde-là. « Rentre chez nous, mère », dit le jeune serpent. « Je suis trop accablée, j'ai trop mal ! Mais qui va sauver mon fils ? » crie la vieille.

Alors le jeune prince monte sur le rocher du supplice.

« Garuda survint, couvrant la nue. Il fonça, frappant de son bec l'être au grand cœur qu'il entraîna hors du rocher, le portant en hâte vers un sommet du mont Malaya. Là, il se mit en devoir de le manger. Un filet de sang coulait de la tête du prince dont le diadème avait glissé au loin. Et tandis qu'il était ainsi, dévoré par Garuda, ce héros se disait en lui-même : "Puisse mon corps être offert ainsi, existence après existence, pour le bonheur des créatures. Qu'il n'y ait pour moi ni paradis ni délivrance, s'ils ne sont accompagnés d'un bien fait à autrui." Et du haut des nues, une pluie de fleurs se déversait. »

Lorsqu'un héros accomplit un acte de compassion, les Deva font tomber une pluie de fleurs sur la terre. Quand le héros Bhishma renonça à la paternité pour assurer le remariage de son père, une pluie de fleurs tomba sur son visage.

Le diadème ensanglanté du jeune prince chute aux pieds de son épouse Malayavati. Elle reconnaît le diadème, se précipite avec la famille et les parents. L'aigle mange.

Et Garuda, dévorant sa pitance quotidienne, voit que sa victime a l'air heureuse.

Trouble de l'aigle divin. Comment ! Il se réjouit, celui-là ! Il ne meurt pas ? Il a l'air de m'aimer ? Je vais arrêter de le manger et me renseigner. Et le prince de relancer l'oiseau. « Mais non, il me reste du sang, il me reste de la chair, nourris-toi ! »

Le cœur du jeune serpent sauvé se brise, il intervient à son tour et se propose en victime. Il ne reste pourtant plus grand-chose du jeune prince. Mais le jeune serpent veut sauver ce qu'il reste. Et l'aigle, plein de remords, comprend qu'il a dévoré le futur souverain universel du monde, le jeune prince plein d'avenir au cœur de Bouddha.

Malheureusement, le jeune prince est mort.

Malayavati, son épouse, se met en colère contre la déesse Parvati car la déesse, à la fin des fins, lui a menti ! Contrainte par sa promesse, la déesse ressuscite le prince, l'aigle ressuscite les serpents morts, et le jeune prince devient souverain universel du monde, empereur des cœurs bienveillants. Bon !

À la fin de chaque conte, nous l'avons vu, le vampire pose une question finaude à ce roi qui le transporte sur son dos.

La question est la suivante : Qui, du jeune prince ou du jeune serpent, a été le plus courageux ? Est-ce le jeune prince qui s'est offert en victime, ou est-ce le jeune serpent qui, à la fin, s'est offert pour le remplacer ? Et la réponse du roi ne tarde pas.

Ce n'est pas le jeune prince le plus courageux, car il avait des pouvoirs magiques et il s'était déjà réincarné souvent, existence après existence. Tandis que le jeune serpent, lui, n'avait qu'une existence, ne savait pas ce qui allait arriver, n'avait aucun pouvoir magique et risquait véritablement sa vie.

Le vingt-cinquième conte du vampire est le dernier.

C'est aussi à ce moment-là que se dénoue la drôle d'histoire entre le roi et le mendiant.

Le mendiant, qui avait donné tant de pierres précieuses au roi, était en réalité porteur d'un vilain dessein et, à partir du quinzième conte, le vampire commence à dire au roi : « Méfie-toi ! Ce mendiant a de vilains desseins… »

En effet, le mendiant attend le roi pour l'immoler en sacrifice à la déesse Kâli. La scène est tout à fait saisissante.

Le vampire s'est enfin tu et le mendiant attend le roi : « Ainsi le roi Trivikramasena arriva près du mendiant en portant le cadavre sur son épaule. Il vit le mendiant qui, seul au pied de l'arbre, guettait sa venue dans ce cimetière que rendait plus redoutable encore la nuit de nouvelle lune. Sur le sol enduit de sang, il avait tracé un cercle magique avec de la poudre blanche faite d'os broyés. Il avait disposé des jarres pleines de sang aux quatre points cardinaux. Des chandelles de graisse humaine jetaient un vif éclat. À côté était un feu alimenté par les oblations. Il avait réuni tous les préparatifs requis pour un hommage à sa divinité d'élection. »

Kâli ! Nous la reconnaissons tout de suite. Les chandelles de graisse humaine, les jarres pleines de sang, les os broyés, c'est elle, notre Kâli. Le roi ne le sait pas. Heureusement que le vampire est là !

Car le vampire a averti le roi généreux qu'il ne doit en aucun cas s'étendre sur le sol, et surtout pas au milieu du cercle. C'est là que le mendiant l'attend.

« Le mendiant, qui croyait son but atteint, fit glisser le cadavre de l'épaule du roi, le lava, le frotta d'arômes, attacha une guirlande autour du corps, puis le mit à l'intérieur du cercle. Il demeura un instant dans la méditation, le corps saupoudré de cendres, enveloppé du vêtement du mort, avec son cordon brahmanique fait de cheveux humains. Puis il conjura le vampire à l'aide des formules magiques et le contraignit d'entrer dans le cadavre. Puis il fit l'adoration dans la séquence requise. Le don d'hospitalité, avec l'aiguière consistant en un crâne d'homme ; en guise de fleurs et d'onguents parfumés, une offrande de sang humain ; deux yeux humains pour encens ; et de la chair d'homme en guise d'offrande à la volée. »

Cette scène terrible achève une longue série d'histoires gracieuses ou gaies, même lorsque des aigles dévorent des serpents. Soudain, la noirceur des grands dieux envahit l'espace léger du conte.

Le mendiant propose au roi de s'allonger au milieu du cercle. Méfiant, le roi demande au mendiant de lui montrer comment faire, et le mendiant s'allonge.

Le roi avait avec lui son épée, n'est-ce pas ? Le mendiant est décapité à l'instant. Chose très extraordinaire, au moment où la tête du criminel mendiant se décolle de son corps, apparaît le grand seigneur Shiva. Car le roi est un dévot de Shiva.

Pourtant, Kâli est une fille de Shiva, mais enfin on comprend que les dévots de la fille ne sont pas forcément amis avec les dévots du père. Tout est bien qui finit bien. Et le vampire dans tout cela ?

Le vampire demande juste sa récompense et sa récompense est très simple.

Que les vingt-quatre contes du vampire et le dernier, qu'il est en train de raconter, soient récités tous les jours, deviennent un texte extrêmement célèbre, à la fois littéraire et sacré.

On retrouve la même technique de narration qui consiste à inclure l'auteur du texte, le Vyasa du *Mahabharata* ou le Valmiki du *Ramayana*. Cette fois-ci, c'est le vampire qui lui-même se met en scène et dit : « Maintenant, soyez gentils, récitez-moi. »

Le vampire a été exaucé.

Les Contes du vampire ont sans doute été écrits beaucoup plus tôt que la version qu'en donne Somadeva, l'auteur de *L'Océan des histoires*. Ils sont immensément populaires en Inde. Ils sont traduits dans toutes les langues vernaculaires et imprègnent les « cent mille villages » de l'Inde, chers au cœur du Mahatma Gandhi.

En réalité, le dernier conte du vampire comporte un petit prolongement.

L'intégralité de cette histoire est elle-même racontée par un vieux brahmane qui le tenait du père du roi qui a eu affaire au vampire.

Ayant formulé sa demande, le vampire explique au roi que, pour être bienveillant, il suffit, c'est très simple, qu'on lui donne à manger de la chair humaine sur un champ de crémation à minuit. S'il n'y en a pas assez, c'est très simple, on peut se couper sur le corps des petites lamelles de chair et le nourrir ainsi. Et il deviendra le plus charmant des vampires.

Comme on sait, les vampires nous font vivre sous l'ordre de la terreur, du charme, du cauchemar, du rêve éveillé, du fantasme et, sans aucun doute, du plaisir. C'est très simple.

18

Bouddhisme et jaïnisme
la révolte des princes

Les bienfaits de la secte dans l'hindouisme

Au début du IVe siècle avant J.-C., la plaine du Gange est en proie à une agitation frénétique.

On connaît par un vieux texte bouddhique les thèmes de cette intense activité spirituelle : le monde est-il éternel ? Quelle est la cause du monde ? Le Soi subsiste-t-il après la mort, subsiste-t-il conscient ou inconscient ? C'est une époque que la plupart des indianistes comparent à celle qui vit en Grèce la naissance de la philosophie, mais on peut penser aussi à l'agitation messianique qui secouait la Judée occupée par les Romains.

Il y a de nombreux ascètes errants, très violents. On est toujours surpris d'apprendre que les ascètes sont capables de tuer. Mais quoi ! Ne sont-ils pas capables, dans les mythes, de violer leur vœu de chasteté ?

Oui, les ascètes se battent, oui, ils sont meurtriers. Plus tard, au XIXe siècle et encore aujourd'hui, il y eut de vraies batailles entre disciples de Vishnou et disciples de Shiva.

Les shivaïtes se reconnaissent aux trois lignes horizontales qui leur barrent le front, couleur jaune, ou aux deux lignes surmontées du point rouge de Shiva ; de leur côté, les vishnouites (on dit vaishnavites) s'identifient grâce au grand « V » de cendre dessiné sur leur front. Autant dire qu'entre fronts barrés d'une main, front en « V » de l'autre, les combattants ascètes ne sauraient se manquer. Ce sont des armées de yogis qui s'affrontent et se tuent.

Pourquoi s'étonner ? Une armée de yogis a détruit la mosquée d'Ayodhya.

Dans ce IVe siècle en quête de révolution, certaines pratiques tantriques allaient jusqu'à l'automutilation. Les folies rôdaient. Lesquelles ? Les folies touchant à la recherche de la délivrance par l'ascèse. Pour comprendre l'émergence simultanée du bouddhisme et du jaïnisme, il faut revenir au système des castes.

Si verrouillé soit-il, le système des castes, tel qu'il est décrit par Louis Dumont dans *Homo Hierarchicus*, comporte une belle échappée. Il s'agit de la secte.

Le « deux fois né » des castes supérieures, brahmane, guerrier et marchand, doit d'abord étudier pendant sa jeunesse, ensuite se marier, puis finir d'éduquer ses enfants. Une fois ces trois devoirs remplis, le « deux fois né » brahmane, guerrier ou marchand, a le droit de prononcer le grand vœu de chasteté et de se retirer dans la forêt. Il devient alors un *brahmachari*.

Une fois dans la forêt, le brahmachari peut ou non trouver l'illumination, et il peut fonder une secte à partir de cette illumination.

Mais la secte nouvelle sera obligatoirement ouverte à toutes les castes.

C'est ainsi qu'en Inde, et en Inde seulement, ce que nous détestons si fort en Occident, la secte, est le support de la démocratie.

Prenons l'exemple du Mahatma Gandhi, car il a fait, à l'époque actuelle, ce que firent le fondateur du bouddhisme et le fondateur du jaïnisme en leur temps.

À trente-sept ans, il est en Afrique du Sud, il a eu quatre enfants – il triche un peu, ils ne sont pas tout à fait éduqués, ce sont encore des adolescents. Après des années d'un mariage orageux et de pulsions sexuelles incendiaires, le Mahatma prononce son grand vœu de chasteté, se retire dans une forêt symbolique en ouvrant son premier *ashram*. Il fonde une secte qui sera le support de la lutte pour l'Indépendance, le Satyagraha, la fermeté de la vérité. Comme il est d'usage dans un ashram, le Mahatma invente un costume : tunique blanche, et calot blanc des prisonniers dans les prisons d'Afrique du Sud. Dans le premier ashram du Mahatma comme dans ceux qui suivirent, les Intouchables avaient droit de cité ; les étrangers aussi. C'était une secte à l'indienne, une secte à la réussite éclatante.

À l'époque de l'agitation ascétique dans la vallée du Gange, naquirent deux princes révoltés par l'ordre des brahmanes et l'inégalité du système des castes. Le premier est le prince Siddharta et le deuxième s'appelle Mahavira. Leur destin est curieusement similaire.

Siddharta

Il était né au nord de l'Inde dans la région du Teraï, une très dense forêt aux arbres couverts de lianes, avec des gorges étroites et des rivières tumultueuses. C'est un prince de la caste des guerriers, qui naît prédestiné, selon les devins.

Marié très jeune, il a des enfants, et son père le protège soigneusement des malheurs du monde. Et puis c'est le drame.

Un beau jour, en dépit des précautions paternelles, le prince Siddharta croise d'abord un vieillard, puis un malade qui souffre, puis un cadavre, enfin, le visage radieux d'un ascète amaigri. Ainsi, la souffrance existe ! Et la vieillesse, la maladie, la mort…

Le prince Siddharta s'échappe en pleine nuit, quitte sa femme et ses enfants, abandonne son palais et s'en va errer sur les routes pendant sept ans.

Il pratique une ascèse féroce ; c'est un moment passionnant de la vie du Bouddha. Certaines de ses statues le montrent en Bouddha décharné : il n'a plus que la peau et les os, car il est brûlé par la chaleur des feux de l'ascèse.

Un beau jour, il s'aperçoit que cela ne mène à rien et, sous les yeux horrifiés de ses cinq premiers disciples, il rompt le jeûne, mange une poignée de riz que lui offre une villageoise, et abandonne la posture de l'ascèse. Pour l'Inde brahmanique, c'est un sacrilège.

Seul sous un *pipal* (c'est un peuplier), le visage tourné vers l'est, il entre en méditation et résiste pendant de longues heures aux tentations du dieu Mara, la mort. Quand il a vaincu Mara, il est éveillé, il est le Bouddha – l'Éveillé.

Il forge la doctrine de la cessation de la douleur et des nobles vérités conduisant à l'indifférence, c'est-à-dire à la Voie du milieu. Il fait son premier sermon à Sarnath, aujourd'hui un faubourg de Bénarès, prêche pendant trente ans ; les communautés bouddhiques apparaissent.

Autour de sa personne éclatent de violentes querelles reposant sur des rivalités, il y a des assassinats politiques, et le Bouddha n'étant pas parvenu à résoudre tous les conflits, finit par mourir de dysenterie en 480 avant J.-C., à peu près.

Aussitôt, le jour de sa mort, grande dispute autour de ses reliques. C'est fait, le Bouddha est devenu dieu.

Mahavira

À la même époque et dans la même région du nord-est de l'Inde, au-dessus de la vallée du Gange, naît Vardhamana Mahavira, de la caste des guerriers, lui aussi prince, marié, père d'une fille elle-même mariée et épouse de guerrier.

Mahavira a trente ans lorsque ses parents disparaissent ; il décide de tout abandonner. En un an, il distribue ses richesses. Au treizième mois, il renonce même aux vêtements. Il va nu, *Digambara*, « vêtu d'espace ». Puis il part sur les routes.

Il trouve l'illumination au Bengale alors qu'il est tourmenté par les insectes, le climat, et maltraité par les habitants. Et cette illumination, qui chez le Bouddha sera l'Éveil, s'appelle dans le cas du fondateur du jaïnisme « l'apparition de l'omniscience ».

Après quarante-deux ans de vie monastique, il meurt à soixante-douze ans, en 477 avant J.-C.

Deux princes de la caste des guerriers, deux révoltés qui renoncent au monde, trouvent l'illumination et deviennent fondateurs de sectes puissantes et durables, nées dans les forêts du nord-est de l'Inde, à quelques encablures de Kashi, la ville sainte de Shiva. Autour d'eux, nombreuses sont les femmes. L'égalité entre les êtres humains dans chacune des deux religions est la règle. Rupture avec l'orthodoxie des brahmanes.

Le bouddhisme en Inde aujourd'hui

Il a disparu comme institution au bout de mille cinq cents ans pendant lesquels il a été partiellement récupéré par l'hindouisme (on se souvient que Bouddha est l'un des avatars de Vishnou).

Bien que le bouddhisme ait atteint les sommets du pouvoir avec l'empereur Ashoka, bien que cet authentique empire bouddhiste ait longtemps régné sur l'Inde, il n'en reste aujourd'hui presque rien.

Les quelques centaines de milliers de bouddhistes indiens sont d'anciens Intouchables convertis sur mot d'ordre politique lancé par leurs leaders. C'est ce mot d'ordre que lança le docteur Ambedkar, leader des Intouchables et rédacteur de la Constitution indienne, dont on affirme qu'il était sincèrement converti au bouddhisme par conviction personnelle.

Le même mot d'ordre de conversion en masse a été lancé il y a quelques années par l'ancien Chief Minister de l'Uttar Pradesh, Madame Mayawati, qui m'a expliqué pourquoi en termes parfaitement clairs. Parce que le bouddhisme est égalitaire et qu'il est d'origine indienne.

Quand on est bouddhiste, on n'est plus un sous-homme, on n'est plus un *dalit*, on sort du système des castes.

Il y a aussi en Inde des immigrés tibétains depuis l'exil du Dalaï-Lama, chassé du Tibet par l'invasion chinoise en 1959. Ils vivent un peu partout, à Daramsala, actuelle résidence du Dalaï-Lama, à Darjeeling, ou dans le sud de l'Inde. Enfin, l'Inde indépendante a annexé plusieurs royaumes tibétains, à l'ouest, le Ladakh et le Zanskar, à l'est, le Sikkim.

Loin de sa philosophie d'origine, le bouddhisme a émigré dans toute l'Asie jusqu'au Japon, et partout il s'est laissé pénétrer par les dieux des régions converties. Partout il a quitté la doctrine originelle. Au Tibet, il s'est approprié les divinités aborigènes préexistantes de la religion Bon, donnant lieu à une religion puissante et séduisante bien connue en Occident.

C'est cette forme du bouddhisme que l'on voit en Inde, c'est son visage tibétain, doté d'une imagerie spectaculaire et d'une fantasmagorie saisissante montrant les œuvres criminelles de démons insensés, auxquels s'identifie le moine chargé d'en venir à bout.

À relire les récits de voyage d'Alexandra David-Néel parcourant le royaume du Sikkim longtemps avant son annexion, on voit que l'état du bouddhisme tibétain n'y a pas profondément changé. Au Sikkim, et à Darjeeling qui en fut jadis la capitale, on retrouve le même climat de fantasmes cruels, de rituels, de sourires, de méditation.

On est confronté à un bouddhisme tantrique aussi détaché et heureux qu'il peut être violent et déchaîné dans les imageries bengalies de la déesse Kâli.

Au Bouddha ont succédé les princes héroïques remarqués pour leur compassion, destinés à devenir eux aussi des Éveillés, mais qui, par bonté, retardent leur éveil définitif pour se consacrer aux humains : ce sont les *Boddhisattva*. Les fidèles du bouddhisme tibétain adorent leurs souriantes statues, se prosternent devant elles en se livrant à des exercices de nature ascétique, leur présentent des offrandes au cœur des temples dont ils sont l'âme.

Existe-t-il une différence sensible entre l'adoration des statues des Boddhisattva et l'adoration des statues des dieux hindous ? Je ne crois pas.

Le jaïnisme est bien vivant

Il y a en Inde plusieurs millions de Jaïns ; c'est une religion très vivante. Ils ont leurs temples séculaires, leurs fidèles, et leur institution. La doctrine est très complexe, mais elle ne franchit pas la frontière de la divinité.

Mahavira, le fondateur, est en réalité le vingt-quatrième et dernier des sauveurs jaïns, les *Tirtankhara*, « faiseurs de passage de fleuves ».

On les contemple sous la forme de statues très particulières. Ce sont des statues d'albâtre, car les faiseurs de passage ont le sang blanc, et le corps transparent (la lumière doit passer à travers). Ils se tiennent debout dans la posture du yoga dite « relâche du corps ». C'est le contraire de la position du cadavre : les deux pieds plantés sur terre, les bras le long du corps à l'abandon en parfait équilibre.

Sont-ils des dieux, sont-ils des hommes ? C'est difficile à dire. Il y eut un premier passeur de fleuve, Parsva, né en 872 avant J.-C. Mais, bien entendu, sa vie est aussi légendaire que celle du Bouddha et celle de Mahavira, son vingt-quatrième descendant. Avec une variante importante : Parsva, le héros, a un frère sombre, un moine mauvais, bandit, ermite et assassin qui s'appelle Kamata.

Combat de l'ombre contre la lumière.

Une monadologie

La philosophie jaïn me fait penser à la monadologie de Leibniz, le grand philosophe européen du XVIIe siècle, puissant ingénieur et diplomate rémunéré par Colbert.

Leibniz, génial mathématicien qui inventa le calcul infinitésimal, pose qu'il n'y a pas de discontinuité dans la Nature (*in Natura non datur saltus*) : tout y est continu. Pour Leibniz, lorsqu'on dort, on s'involue sur un plus petit théâtre, et lorsqu'on meurt, on s'involue sur un théâtre encore plus minuscule avant de passer par le degré zéro de la conscience. Puis on renaît. Pas de clivage entre conscience, sommeil et mort. Aucune césure.

Voilà qui ressemble de façon frappante à la religion des « faiseurs de passage de fleuves ».

Quand on renaît, disent les Jaïns, on ne change pas de nature, on évolue en passant à un stade supérieur de l'être, et le Sauveur humain deviendra, au terme de son évolution lumineuse, le rédempteur des dieux eux-mêmes.

Le grand indianiste Heinrich Zimmer a tout à fait raison de comparer le jaïnisme au héros légendaire repris par Richard Wagner, Parsifal. Wagner, qui écrivait lui-même ses livrets d'opéra, eut cette trouvaille pour décrire la fonction du héros quand, après bien des épreuves, il peut enfin se saisir de la lance qui troua le flanc du Christ sur la croix : « Rédemption au Rédempteur ! »

C'est supposer que les dieux, même le Christ, ont besoin des hommes pour leur venir en aide, et qu'un héros suffisamment initié sera le rédempteur… du Rédempteur.

Telle est bien la formule de cette religion singulière qui postule une évolution continue de la conscience de l'univers.

L'univers est un organisme vivant animé par les monades, entités matérielles impérissables, immortelles, qui montent et descendent à travers des états de conscience variés, mais continus. Curieusement, à cause de ces monades, le jaïnisme ressemble à un matérialisme.

Il existe une plus petite unité matérielle qui s'appelle l'atome, *paramanu*.

Cet atome est éternel, indivisible, échappe à la perception par les sens, mais il possède des qualités sensibles. Il est chaud, froid, poli, rude, il a une couleur, il a une odeur, il peut avoir un goût, les atomes peuvent s'unir ou se désagréger. Et c'est ainsi que d'atome en atome, on parvient au concept de l'individu.

La plus petite des monades possède le corps karmique et un corps de feu. Il se trouve que le corps karmique, qui résulte du destin individuel, est le produit des actions antérieures de chacun. Chez les saints, le corps de feu est le siège de la puissance, cause de la digestion.

Mais outre ces deux corps, les êtres du monde supérieur possèdent le corps terrestre. Les habitants des cieux et des enfers possèdent un corps de transfiguration. Enfin, les hommes qui ont un pouvoir magique possèdent un corps de déplacement.

Déplacement, pouvoirs magiques, transfiguration, on n'est pas très loin de l'univers extraordinairement magique des moines bouddhiques tantriques tibétains.

Tous les êtres n'ont pas le même nombre de sens, qui varie de un à cinq : toucher, goût, odorat, vue et ouïe. Premier des sens, le toucher est fondamental : la plus petite particule de terre est dotée du toucher. Une particule d'eau, de feu, de vent, est animée par le toucher. Cet animisme singulier détermine un certain nombre de pratiques.

Les protestants de l'Inde

On croise les Jaïns au Rajasthan, vêtus de blanc, souvent avec un masque de coton sur la bouche pour ne pas avaler de bactéries, d'insectes, de microbes, êtres vivants.

On les voit balayer le sol devant eux avec une balayette de très fin coton, pour ne pas écraser d'êtres vivants. Pratiquant un végétarisme radical, ils ne mangent pas les racines, de peur d'avaler un être vivant.

Leur respect de la vie s'étend à toute particule, et pourtant ! Le suicide jaïn est toléré en Inde, pays où les tentatives de suicide sont délictueuses, passibles de prison.

Il suffit de lire les journaux. On peut y lire quelquefois une annonce : « M. X a commencé son jeûne à mort tel jour, à telle heure. » Onze à douze jours plus tard paraît son faire-part de décès. Cette pratique évoque lointainement le rituel de l'*endura*, suicide par la faim choisi par les dignitaires de la religion cathare.

Si les leaders bouddhistes ont un rôle politique actif, les Jaïns sont de très grands industriels, grands entrepreneurs et grands mécènes. Respectés pour leur rigueur morale exemplaire, ils jouent un rôle capital dans l'équilibre de la tolérance et de l'industrie indiennes. Les Jaïns sont les protestants de l'Inde.

19

Islam
l'empereur et la princesse mendiante

L'islam en Inde vit souvent sous l'empreinte du soufisme, à l'exception d'une communauté chiite minoritaire. Le soufisme est la branche de l'islam qui a décidé d'être perméable aux autres religions. C'est la seule branche tolérante, et pour cette raison, souvent persécutée par les docteurs de la Loi. Je voudrais raconter deux histoires et une légende.

Le plus tolérant des empereurs musulmans

Akbar, petit-fils de Babur, le fondateur de l'Empire moghol, est celui que les souverains d'Europe appelaient le Grand Moghol.

Ce fut d'abord un terrible guerrier. Il avait à reconquérir son empire car son père, le pauvre Humayun, était si démuni qu'à la naissance d'Akbar, il n'avait à offrir à ses officiers qu'une boule de musc à partager, ce qui n'est pas grand-chose.

Le jeune Akbar fut donc un conquérant terrible. Il assiégea pendant deux ans les princes de Chittor, dans le Rajasthan ; en 1568, la chute de la ville de Chittor fut un massacre abominable.

Pour éviter de se rendre, les femmes de la citadelle, qui domine la vallée, avaient choisi le rituel suicidaire qu'on appelle le *jauhar*, une sorte de *sati* collectif, les femmes dressant leur propre bûcher et se jetant les unes après les autres dans les flammes.

Dans le livre de Catherine Weinberger-Thomas dont j'ai déjà parlé, en même temps que les images pieuses des *satis*, on vend les posters du sacrifice des femmes de Chittor, images radieuses et ravissantes de ces filles qui flambent allègrement.

Tel est le premier Akbar. Ce sont de longs combats féroces, ce sont les éléphants aux pattes ceinturées de crochets éperonnant tous les hommes qui se trouvent devant eux. Et puis, la guerre s'arrête.

Alliances, épousailles, la paix. Sur le tard, Akbar, qui n'a pas d'enfant, se rapproche d'un saint soufi vivant près de la ville d'Agra.

Sheikh Salim Chishti est d'une illustre famille de soufis afghans. Le Sheikh promet à l'empereur un héritier, et l'héritier naît. Pour donner un écrin au sanctuaire du saint, Akbar décide de construire une ville, Fathepur-Sikri.

Il y construit une mosquée, plusieurs palais, des jardins, des plans d'eau, une ville tout entière dédiée à la paix. Un jour, à la chasse – un grand guerrier est forcément un grand chasseur –, Akbar, foudroyé par la grâce, tombe en syncope au moment d'abattre son tigre. C'est une scène qu'on jurerait prise dans le folklore médiéval chrétien.

De l'instant de sa syncope jusqu'à sa mort, l'empereur Akbar, converti, cherche à concilier l'islam monothéiste et le polythéisme hindou.

Il ne trouve pas tout de suite. Il rassemble des conférences théologiques dans sa ville de Fathepur-Sikri, convoque des Jaïns, des jésuites qui viennent de Goa, des brahmanes – c'est très drôle, car les brahmanes, qui n'ont pas le droit de fréquenter des musulmans, exigent d'être hissés dans un panier pour pouvoir lui parler sans fouler le même sol que lui –, des bouddhistes. Les colloques théologiques durent quelques années.

En 1581, Akbar renvoie tout le monde et crée sa propre religion. Cette religion de lumière merveilleusement tolérante, *Din I Illali*, il la prêche dans le sanctuaire de marbre blanc du Sheikh Salim Chishti, qui existe toujours dans la cour de la grande mosquée rouge de Fathepur-Sikri.

J'y ai entendu ces chanteurs mystiques qu'on appelle les *kawwalis* et qu'en France on connaît bien, quoique, en général, les *kawwalis* que l'on entend en France viennent du Pakistan. On connaît moins ceux de l'Inde. J'avais emmené à Fathepur-Sikri mon vieux professeur de yoga, pur brahmane du Maharashtra. Eh bien, je l'ai vu tomber en transe sous l'influence des *kawwalis*.

Il était très heureux, mon professeur brahmane, d'avoir trouvé l'extase avec des chants soufis.

Sur le drapeau d'Akbar, se trouve un cyprès pour l'islam, un banyan pour l'hindouisme. C'est cet empereur qui a autorisé Tulsi Das à écrire le *Ramayana* en hindi sous son règne. C'est lui qui a essayé le premier d'abolir le rituel des *satis*.

Quand il meurt en 1604, sa religion de lumière disparaît.

La princesse mendiante

Mirabaï est très connue en Inde.

Baï, en Inde, veut dire « dame » ou « madame », ce serait Dame Mira, 1503-1573.

Elle était la belle-fille du Raja de Mathura, ville sainte de Krishna, et la fille du Raja de Mewar, petite principauté du Rajasthan, un lieu très sec.

Mira est chantée, célébrée, publiée, apprise dans les écoles ; elle a écrit les plus beaux poèmes de l'Inde, il y a eu de nombreux films sur elle, d'innombrables bandes dessinées. On vend ses statues jusque dans les grands temples du Sud ; c'est l'une des personnes les plus populaires de l'Inde. Une déesse ? Presque.

Toute petite, à quatre ans, elle décide qu'elle est la fiancée du dieu Krishna parce qu'elle est amoureuse d'une petite statue miniature du dieu, qu'elle cajole. Il sera son époux, et personne d'autre.

Quelques années plus tard, à dix ans, on la marie. Elle s'en moque, cela n'a pas d'importance puisque de toute façon ce n'est pas le véritable époux. La fillette se refuse à son époux factice, et continue à cajoler la statue de Krishna.

Elle devient vite le modèle de la fameuse *Bhakti*, la dévotion et la transe. Elle est tout le temps aux pieds de la statue. Elle ne couche pas avec son mari. Évidemment la belle-famille se fâche. Il y a d'innombrables poèmes de Mira sur les méchancetés de sa belle-sœur.

Son beau-frère cherche à l'empoisonner, mais Krishna avale le poison.

Le beau-frère lui envoie un serpent caché sous des figues, mais le serpent refuse de la piquer. La voici entourée de miracles. Puis le mari meurt.

Mira refuse de monter sur le bûcher d'un homme qui n'a jamais été son vrai mari puisque le seul vrai, c'est le dieu.

Alors elle est chassée du palais. Revêtue du blanc sari des veuves, pieds nus, elle part sur les routes et mendie en chantant ses poèmes pour Krishna, dans les temples, en s'accompagnant d'un instrument de transe, l'*ektala*.

C'est un luth à long manche, très léger, à une corde, que l'on pince en tournant sur soi-même avec l'instrument au cours d'une danse chantée tourbillonnante. Ce type de tourbillon vertigineux est très proche du *Sama*, la danse des derviches.

La mort de Mira est tout à fait touchante.

On se souvient que Krishna décide de se laisser mourir à Dwarka, en se laissant flécher le talon par la flèche d'un vieux chasseur aborigène, Jara. C'est une mort volontaire, comme toujours lorsqu'il s'agit d'une sorte de dieu. Il faut bien qu'il consente à mourir, ce Krishna dont le corps sans sépulture disparaît lorsque l'océan inonde la ville de Dwarka.

Eh bien, c'est à peu près ce qui arrive à la princesse Mira.

Elle est dans le temple de Dwarka, elle danse dans l'embrasure de la porte qui donne sur la mer, et au soleil couchant, elle disparaît.

On ne saura jamais si elle a sauté dans l'océan ou si le dieu l'a emportée.

À Chittor, où elle vécut, Mirabaï dispose d'un vieux palais en ruine, mais également d'un petit temple. Voilà comment on glisse de la réelle princesse à une sorte de divinité.

Dans le temple de Mira, se trouvent son portrait, une sorte de poster pas très beau, ainsi qu'un petit harmonium portatif sur lequel un musicien vient chanter les chants de Mira, les *bahjan* dont raffolait le Mahatma Gandhi. Cette fervente dévotion populaire, profondément vivante, s'adresse à une princesse mendiante amoureuse d'un dieu.

Et voici maintenant la légende, qui ne comporte pas un brin de vérité. Mais elle court les rues.

L'empereur et la sainte

Akbar avait un chanteur favori, Tansen.

Ce musicien soufi inventa un chant très particulier, le *dhrupad.* Le *dhrupad* est un chant rauque de l'Inde du Nord, qui part des basses de la tessiture de la voix pour aller jusqu'aux plus hauts aigus, à travers une très longue mélopée.

Le chant de Tansen était si puissant qu'un jour Akbar l'a mis au défi et lui a demandé s'il était capable de faire tomber la pluie, quitte à se déchirer les cordes vocales.

Et Tansen, se déchirant la gorge pour chanter le raga de l'orage, fit tonner le tonnerre et tomber la pluie.

L'empereur entendit parler de la princesse.

Déguisé en marchand, Akbar partit avec son musicien. À cette époque, Akbar est déjà converti, il est dans sa période de quête. Stupéfaits, ils écoutent Mira, émerveillés par ce chant miraculeux.

L'empereur donne un collier de perles à la princesse pour la remercier, mais fidèle à elle-même, Mirabaï offre le collier de perles à Krishna, son mari divin. Selon la légende, Mirabaï serait la véritable inspiratrice de la fameuse religion de la lumière qui dura jusqu'à la mort de l'empereur Akbar.

Malheureusement, par la suite, ça se gâte, suffisamment pour expliquer l'ampleur du ressentiment hindou, et les soubassements dans lesquels a pu jouer le parti nationaliste quand il a ressuscité le *Ramayana* pour en faire une arme de guerre.

Petit-fils d'Akbar, Shah Jahan adorait sa femme Mumtaz Mahal, l'Exaltée du palais, qui mourut en couches au quatorzième de ses enfants. Comme on sait, à cette occasion, Shah Jahan fit construire le Taj Mahal qui, selon des experts économiques indiens, aurait coûté 10 % du PNB de l'époque – c'est une approximation.

Le prince héritier, l'aîné de ses fils, était un prince mystique soufi, Dara Shukoh, auteur d'un livre magnifique, *Le Confluent des deux océans* – entendez, l'islam et l'hindouisme.

Mais le cadet haïssait les dépenses de son père, les musiques qu'on chantait au palais, le soufisme de son frère, le laxisme de ce tendre islam. Après une guerre civile sans merci, le cadet gagne la partie.

Couronné empereur sous le nom d'Aurangzeb, il enferme son père dans son palais d'Agra en compagnie de sa sœur Jahanara, et fait courir des rumeurs d'inceste pour ruiner leurs réputations.

Il décapite solennellement le prince soufi sur la place publique à Dehli. Il commence à détruire les temples hindous et c'est lui, le démon rakshasa trop souvent invoqué par les nationalistes d'aujourd'hui.

Sa sœur Jahanara est une femme très intéressante. Elle n'est pas mariée. Elle vit au palais, c'est une grande soufie.

Elle accepte d'être enfermée avec son vieux père, laisse courir les rumeurs d'inceste sans frémir et, curieusement, lorsque le vieux Shah Jahan meurt enfin, le terrible empereur Aurangzeb fait sortir sa sœur avec tous les honneurs et la laisse s'installer où elle veut.

Un rosier blanc et un plant de tulsi

La princesse Jahanara choisit de s'installer dans la cité soufie de Nizammuddin.

Construite au XIIIe siècle en l'honneur du saint Nizam-muddin, entourée par des bidonvilles et des hôtels de luxe, à un jet de pierre de l'hôtel Oberoi, frôlée par un carrefour autoroutier, la vieille cité est un endroit miraculeux. S'y trouvent la tombe du saint, une petite mosquée, une école, un cimetière, une consultation chamanistique, des *kawwalis* pour chanter… c'est l'endroit que je préfère au monde.

Il y règne la paix, la beauté, il y règne l'humanité. On y sert la soupe populaire tous les soirs. Les *kawwalis* chantent, adossés au tombeau de Jahanara.

C'est là qu'elle a choisi de se faire enterrer. Les soufis, maîtres du lieu, prennent grand soin d'entretenir le rosier blanc qui pousse sur la tombe de la princesse.

La tombe d'Aurangzeb est à Aurangabad, dans un sanctuaire soufi. Lui qui de son vivant les persécuta tous !

Selon la légende que font courir les yogis, le terrible empereur Aurangzeb se serait converti à l'hindouisme à la veille de sa mort.

Elle est très émouvante, cette tombe.

Pas de pierre, pas de marbre, pas de roses, la terre nue. Un drap blanc la recouvre, troué en son milieu. C'est pour laisser passer un pied de *tulsi*, la plante sacrée de l'hindouisme.

Voici donc le féroce empereur qui a tant persécuté les hindous, gardé par des soufis dans une tombe honorée par le basilic sacré de l'hindouisme…

Les Nath Yogi racontent qu'une fois converti, Aurangzeb a été puni. Pour sa pénitence, il est obligé de suivre les yogis avec un pot de terre renversé sur la tête, éternellement.

20

Les dieux naissent à vue d'œil

Il est difficile d'échapper au polythéisme en Inde. Sa puissance insidieuse envahit les consciences comme le jasmin, l'arbre qu'il embrasse. Adorer un seul dieu, un unique, quel effort ! L'idolâtrie est plus facile.

Le Livre des Sikhs, dieu vivant

Prenons un exemple un peu lointain, celui des Sikhs.

Le fondateur de la religion des Sikhs, le gourou Nanak, mourut en 1539 à Lahore. Le gourou Nanak s'inspira de l'islam et de l'hindouisme pour fusionner les deux grandes religions de l'Inde.

Il prend à l'islam le principe de l'égalité entre les hommes, mais au modèle de la secte hindoue, il emprunte l'égalité entre tous les êtres humains, et donc l'égalité entre les hommes et les femmes. Grande nouveauté !

Pour avoir introduit dans l'islam chiite l'égalité entre hommes et femmes, la secte des Bahaï, fondée au XVIIIe siècle en Iran, y est encore persécutée de nos jours.

Dans la religion fondée par le gourou Nanak, les activités caritatives sont obligatoires, on sert le repas aux pauvres. Il n'existe qu'un seul dieu qui n'est jamais nommé, et les vers et les prières du gourou Nanak composent un livre sacré.

Jusque-là, les choses sont relativement normales. Un livre recueille les prescriptions du maître.

Le septième gourou s'appelle Govind Singh. À son époque, en 1699, les choses tournent mal entre l'Empire moghol et les Sikhs qui pourtant ne faisaient de mal à personne.

Ce jour-là, sous la menace de l'empereur moghol, Govind Singh décide de transformer la religion sikh en une organisation défensive.

Se déroule une scène extraordinaire. La tente du maître est dressée sur une prairie où sont rassemblés tous les Sikhs. D'une voix forte, le maître demande cinq victimes expiatoires. Personne ne bouge.

Se présentent cinq Intouchables (ou *pariah*).

Car même si cette religion a été fondée de façon égalitaire, chacun sait reconnaître son monde, et voit bien que ce sont des pariah.

Un par un, chacun des cinq pénètre sous la tente, et le maître en ressort, l'épée dégoulinante de sang, en disant : « Au suivant ! » Au bout de cinq, il s'arrête.

Évidemment, sur la prairie, les fidèles sont saisis de terreur. Alors Govind Singh relève les pans de la tente et les cinq pariah apparaissent, bien vivants.

À leur place, le maître a immolé des béliers. Cette scène fait penser au sacrifice d'Abraham, dont l'inspiration est si puissante dans le Coran.

Ces cinq pariah, les *Cinq Bien-Aimés*, sont les fondateurs de la nouvelle religion sikh, celle qui donne naissance à la fameuse *Khalsa*, liste de prescriptions irréductibles.

Chaque Sikh doit porter un bracelet de fer, un caleçon de combat, un poignard dans la botte, un peigne de fer pour retenir les cheveux qui ne seront jamais coupés.

Il n'y a pas de turban dans les prescriptions des Sikhs. La seule prescription qui concerne les cheveux, c'est de ne pas les couper.

À la belle époque de l'indépendantisme sikh, j'ai vu, dans le fin fond du Penjab, de jeunes indépendantistes qui, pour montrer qu'ils étaient sikhs, portaient les cheveux dénoués jusqu'aux chevilles. C'était leur marque identitaire.

Après avoir sacrifié cinq béliers et élu les Cinq Bien-Aimés, le septième gourou, Govind Singh, fait une proclamation. Ses trois fils étant morts, et la charge de gourou étant héréditaire, le Livre, le Granth Sahib, deviendra le dernier gourou.

Voilà donc un livre sacré qui jusque-là n'était qu'un livre et qui devient un gourou vivant.

C'est pourquoi, dans sa résidence du Temple d'Or à Amritsar, on voit réveiller le Livre, caressé, choyé, transporté, nourri, couché le soir, habillé pour la nuit, fermé, puis réveillé le matin, déshabillé, éventé, chanté.

Il n'y a pas de livre sacré qui résiste à une certaine divinisation. Et le dernier gourou, le Granth Sahib, le grand livre sacré des Sikhs, a toutes les apparences d'un dieu vivant.

La déesse homme

J'ai vu naître un dieu vivant, en 1988. Voici l'histoire telle qu'elle m'est arrivée.

Elle commence dans une usine de produits de nettoyage à Pondichéry, le jour de l'inauguration.

L'usine est si propre qu'il faut se déchausser et le patron, costume trois-pièces, très élégant, très sympathique, est un jeune homme moderne. Pendant le déjeuner, il me parle beaucoup de sa maman. C'est une mère formidable, elle a des pouvoirs magiques, elle peut apparaître en deux endroits à la fois, elle guérit les malades… Brusquement je comprends.

Il n'est pas en train de me parler de sa mère biologique. Il me parle de sa mère divine, il me parle de quelqu'un qu'on adore dans un temple. Je le fais parler un peu plus, et je vérifie qu'en effet, il ne s'agit ni de sa maman ni d'une statue, mais bel et bien d'une déesse vivante.

Je lui demande un rendez-vous, la sainte femme répond aussitôt par fax. Aujourd'hui, ça serait par portable, mais en 1988, un fax à Pondichéry, c'était bien.

Et le lendemain, nous y voilà. À Melmaruvathur, un hameau près de l'autoroute qui traverse le Tamil Nadu, au sud de l'Inde.

Devant un temple rose vif, à la tête d'une file de pèlerins en rouge vif, le patron de l'entreprise de nettoyage, à demi nu, couvert d'un pagne écarlate, le front entièrement poudré de rouge sang, nous attend.

Sur le sol, des femmes roulent sur elles-mêmes, bras et jambes tendus, saris mouillés – elles sortent de la piscine sacrée –, et font ainsi le tour du temple. C'est une danse serpentine sur le sol. Notre ami nous amène devant la petite maison de la Mère à qui nous allons présenter nos devoirs avant la cérémonie qui va avoir lieu.

C'est une petite maison en dur, très modeste.

Notre ami monte trois marches, entre dans la pièce et se prosterne de tout son long. Nous montons à notre tour et nous découvrons la Mère, la déesse vivante.

C'est un homme.

C'est un homme en tunique et pantalon blanc. Il a environ quarante ans, un très doux sourire, il porte une petite moustache, et même s'il est un peu enveloppé, il n'est pas du tout efféminé. Il est marié, il a quatre enfants et c'est lui, la Mère.

Son nom de déesse est Arulvaku, et son invocation, Om-Shakti.

Mais j'ai tort de dire qu'il est la Mère.

Il va le devenir. Il ne l'est pas encore. En attendant, et pendant qu'il se prépare à se transformer en déesse, il nous enferme dans une cellule avec fumigation de camphre pendant une heure. (Il y a plus agréable.)

Puis le patron de l'usine, notre ami, vient nous chercher, nous sort de la cellule et des fumées de camphre, et nous emmène sur le lieu de la cérémonie.

Cette cérémonie est un oracle. Cet homme, déesse vivante, rend l'oracle une à deux fois par semaine en son temple. Et les milliers de pèlerins font la queue pour consulter.

La scène est stupéfiante. Et quel décor !

Un immense serpent cobra, en stuc, d'environ quinze mètres de hauteur, capuchon déployé – on n'est pas étonné de trouver le serpent Sesa dans ces circonstances. Sous le serpent cobra se trouve un lit de feuilles fraîches de margousier.

Le margousier, en hindi le *neem*, est un antiseptique puissant, une plante un peu sorcière, qui écarte les moustiques et les insectes.

En 1966, un ouragan déracina un margousier sur un champ appartenant à la famille de la Mère : sous les racines, on découvrit une antique idole, une figure de Shakti. Le margousier brisé laissa couler un « lait médicinal » : ce neem est la plante d'Om-Shakti.

Devant la file des pèlerins se trouvent des cymbalistes, des percussionnistes et des choristes.

Puis notre homme arrive, il est pieds nus, torse nu, enveloppé d'un pagne rouge d'où sort un petit ventre rebondi et soudain, se hissant sur les deux gros orteils, il tombe en transe.

Les yeux se révulsent, une voix de femme sort de sa gorge.

On l'entraîne, on l'assied sur le lit de margousier. Et c'est là qu'il rend l'oracle pendant six heures environ.

C'est notre tour. Mon compagnon et moi sommes assis en face d'elle, car cette fois-ci, c'est bien la Mère.

Nous avons en face de nous un être aux yeux révulsés, un corps d'homme à voix de femme qui parle à toute allure. Une Pythie des temps contemporains.

Autour de la déesse, sont assises des armées de scribes qui transcrivent pendant que notre ami, le patron si moderne, traduit pour nous en anglais. Tout va très vite.

Puis, comme nous sommes un peu éberlués d'avoir vécu cela sous le serpent cobra, on nous emmène dans une sorte de salle de réception, vaste, calme et peinte à fresque.

Que disent les fresques ? Elles racontent la transformation d'un garçon en déesse. Bangaru est né le 3 mars 1942 à Melmaruvathur, dans un grenier à grain qui sert d'étable, un mardi, à l'aube.

Bangaru signifie « or pur ».

Quand il était bébé, il a reçu la visite d'un cobra dans son berceau. C'est un signe infaillible. Les parents ont donc su tout de suite qu'il y avait là un être extraordinaire qui ne serait pas un garçon comme les autres.

Une brochure nous en apprend un peu plus. Ses parents, Gopala Naicker et Minaskshi Ammal, vénéraient Mariamman, plus connue sous le nom de la Vierge Marie. Sont-ils chrétiens ? Sans doute. Ils ont élu leur déesse, la mère de Jésus. Leur enfant est né dans une étable, comme Jésus.

À douze ans, l'enfant au nom doré reçoit l'illumination et découvre qu'il est une incarnation de la Shakti.

C'est pourquoi son invocation est Om-Shakti. Il est devenu la Mère.

Shakti, on le sait, c'est l'énergie féminine, et Om, qu'il faudrait d'ailleurs prononcer « A-u-m », est le phonème sacré qui commence toute invocation, toute prière.

Il existe une image de la Shakti que j'aime entre toutes. C'est un bronze du XIXe siècle qui vient de l'État d'Andra Pradesh, dans le sud-est de l'Inde. C'est la déesse, toujours la même, Devi, Kâli, Durga, Shakti, Om-Shakti, cet homme-là.

Ce n'est qu'un cadre en bronze. Il y a deux pieds, deux bras, une paire d'oreilles, un cadre carré et au milieu du cadre, le vide. Et le vide est certainement l'image la plus attrayante de la divinité féminine, c'est-à-dire de toutes les divinités de l'Inde.

Nous sommes partis avec une image de « notre Mère », puisque, après avoir reçu l'oracle de la déesse, on devient l'enfant de la Mère, et aussi avec un porte-clefs.

Sur le porte-clefs, il est là, avec son ventre légèrement rebondi débordant du pagne, ses mains jointes et son bon sourire. S'il a choisi le rouge vif comme couleur de sa secte, car il s'agit bien d'une nouvelle secte – il y en a des milliers en Inde, il y en a toujours eu des milliers –, c'est parce que le rouge vif est la couleur du sang.

La couleur du sang, dit la déesse homme, est la seule chose universelle.

Comme beaucoup de fondateurs de sectes, notre Mère, cette déesse vivante qui est un homme, a reçu la visite de presque tous les Premiers ministres de l'Inde et d'un nombre incroyable de dignitaires.

Il n'y a pas de fondateurs de secte, quand elle marche, qui ne soient extrêmement respectés par les personnalités politiques de l'Inde.

« Je suis dieu »

Il n'est pas étonnant que cette Mère soit un homme.

Nous l'avons vu tout du long, l'Inde est profondément androgyne. On se souvient de la figure divine de Shiva, partagée verticalement en homme et femme sous la figure d'Ardhanarishvara. Femme d'un côté, homme de l'autre, du haut de son chignon jusqu'à la pointe de son orteil. L'intériorisation du personnage de la mère est facile.

Oui, en Inde, il est extrêmement facile d'atteindre la fusion avec la mère. Cela porte même un nom.

Cela s'appelle, dans le Tantra, le *Sat Shit Ananda*. *Sat*, c'est l'être, le cri de la *sati*. *Shit*, c'est l'union ; et *Ananda*, la joie, l'essence de la joie de l'union.

L'autodésignation suffit pour devenir dieu.

Au consulat de France à Delhi, quand j'y vivais, on entendait souvent des histoires de ce genre. Il n'est même pas besoin d'être hindou, pas besoin d'être indien.

Il y eut comme cela une inspirée française qui vivait nue au pied d'un arbre avec son enfant et qui était adorée comme une déesse. Il y eut un vieux sage des montagnes qui vivait dans les Himalayas, un Français, adoré comme un dieu, et qui venait voter aux élections. J'ai cherché, je l'avoue, dans sa fiche d'état civil comment ce vieux Français était devenu dieu.

Il était arrivé en Inde en 1919, probablement après avoir combattu dans les tranchées. C'est ce que j'ai imaginé. Sans doute avait-il connu l'horreur de la mort comme les yogis connaissent l'horreur des champs de crémation.

Ayant découvert la furie des massacres, il aurait décidé que son identité européenne lui était devenue insupportable. Et voilà comment est né un dieu en Inde, un Français qui a choisi de renaître ailleurs, avec une autre identité, sous la forme d'un dieu apaisé et serein.

Comment naissent les dieux en Inde ? Comme on cultive le blé. Il faut choquer la terre de l'inconscient, creuser le sillon, briser la conscience avec le soc d'une charrue et il naîtra des dieux, c'est certain. Comment naissent les dieux en Inde ? Comme les aliénés chez nous.

Ailleurs, ils sont ailleurs. Mais alors que chez nous en Europe, on les soigne, alors qu'on les protège des dangers du monde extérieur, en Inde, au moins, les aliénés sont libres, libres de devenir paisiblement des dieux.

Soyons justes, il n'y a pas que les aliénés qui deviennent dieux en Inde, il n'y a pas que les enfants visités par les cobras dans leur berceau quand ils étaient bébés. Il y a aussi des hommes politiques que le divin gagne comme par contagion.

Lorsqu'un homme politique reçoit tous les matins, cette cérémonie s'appelle le *darshan*, mot qui veut dire à la fois philosophie, vision, adoration. Les visiteurs qui viennent chercher le *darshan* de l'homme politique ou de la femme politique sont dans une position très voisine de l'idolâtrie devant une statue.

Et le Mahatma Gandhi eut bien du mal à s'en défendre.

Il ne voulait pas être un saint, il détestait l'adoration. Il répétait qu'il n'avait pas d'extase, qu'il n'était ni un avatar ni un ascète. Il ne fut pas enterré debout, comme un dieu, non.

Il fut simplement brûlé, devant une foule de deux millions d'Indiens.

Au tournant de l'histoire de l'Inde

L'Inde se trouve à un tournant de son histoire sociale et politique.

La revendication nationaliste identitaire qui voulut transformer le *Ramayana* en arme de guerre en appelant le dieu Ram à la rescousse a aussi pour fonction de protéger les élites indiennes dans la lutte des castes qui vient de s'engager.

Les Intouchables se sont organisés depuis longtemps, bien avant l'Indépendance de l'Inde : le docteur Ambedkar fut leur premier leader.

Mais depuis 1988, pour la première fois, les basses castes se sont organisées. Et les basses castes forment l'énorme majorité des citoyens de l'Inde.

C'est une Intouchable qui a lancé le dernier mot d'ordre de conversion au bouddhisme, mais ce sont les leaders des basses castes qui mènent l'agitation politique dans l'Inde du Nord.

Et cette agitation politique de couches sociales opprimées depuis des millénaires rappelle beaucoup celle qui secoua la plaine gangétique au IVe siècle avant J.-C., juste avant l'émergence du bouddhisme et du jaïnisme.

Cela se passe encore au même endroit, en Uttar Pradesh. 120 millions de citoyens, c'est l'enjeu électoral le plus important de l'Inde. Inévitablement, les basses castes prendront le pouvoir.

Il ne suffira plus de quelques ministres de basses castes appelés au gouvernement central, comme c'est le cas quand le Parti du Congrès gouverne l'Inde.

Ce qui s'annonce est une formidable révolution sociale, aussi juste dans son principe que la Révolution française en 1789. Comme on sait, les couches les plus pauvres n'arrivèrent pas au pouvoir sous la Révolution. Il leur fallut du temps et ce n'est pas fini.

Comment cela va-t-il tourner ? Personne ne le sait. Je ne le sais pas davantage, mais il est certain que les dieux de l'Inde vont se mobiliser, soit du côté des pauvres, soit du côté des riches, et secouer encore la plaine gangétique.

Peut-être naîtra-t-il un Bouddha, ou un Mahavira. Qui sait ?

Table

Du même auteur

Romans

Bildoungue ou la Vie de Freud
Christian Bourgois, 1978

La Sultane
Grasset et Fasquelle, 1981

Le Maure de Venise
Grasset, 1983

Bleu Panique
Grasset, 1986

Adrienne Lecouvreur ou le Cœur transporté
Robert Laffont, 1991
et « J'ai Lu », n° 3957

La Señora
Calmann-Lévy, 1992
et « Le Livre de poche », n° 9717

Pour l'amour de l'Inde
Flammarion, 1993
et « J'ai Lu », n° 3896

La Valse inachevée
Calmann-Lévy, 1994
et « Le Livre de poche », n° 13942

La Putain du diable
Flammarion, 1996
et « J'ai Lu », n° 4839

Le Roman du Taj Mahal
Noésis, 1997

Le Voyage de Théo
Seuil, 1997
et « Points », n° P680

Les Dames de l'Agave
Flammarion, « Kiosque », 1998

Martin et Hannah
Calmann-Lévy, 1999
et « Le Livre de poche », n° 14798

Afrique esclave
(Photographies de Vincent Thibert)
Noésis, 1999

Jésus au bûcher
Seuil, 2000

Les Mille Romans de Bénarès
Noésis, 2000

Le Sang du monde
Seuil, 2004
et « Points », n° P1403

Les Derniers Jours de la déesse
Stock, 2006

Essais

Lévi-Strauss ou la Structure et le malheur
Seghers, 1re édition, 1970, 2e édition, 1974
dernière édition entièrement remaniée
« Le Livre de poche », « Biblio essais », 1985

Le Pouvoir des mots
Mame, « Repères sciences humaines », 1974

Miroirs du sujet
10/18, série « Esthétiques », 1975

Les fils de Freud sont fatigués
Grasset, « Figures », 1978

L'Opéra ou la Défaite des femmes
Grasset, « Figures », 1979

Vies et Légendes de Jacques Lacan
Grasset, « Figures », 1981
et « Le Livre de poche », « Biblio essais », 1983

Rêver chacun pour l'autre
Essai sur la politique culturelle
Fayard, 1982

Le Goût du miel
Grasset, « Figures », 1987

Gandhi ou l'Athlète de la liberté
Gallimard, « Découvertes », 1989, 2e édition, 1990

La Syncope, philosophie du ravissement
Grasset, « Figures », 1990

La Pègre, la Peste et les Dieux
Chroniques du Festival d'Avignon
Éditions théâtrales, 1991

Sissi, l'impératrice anarchiste
Gallimard, « Découvertes », 1992

Sollers, la fronde
Julliard, 1995

Les Révolutions de l'inconscient
Histoire et géographie des maladies de l'âme
La Martinière, 2001

La Nuit et l'Été
Rapport sur la culture à la télévision
Seuil, 2003

Claude Lévi-Strauss
PUF, « Que sais-je ? », 2003

Pour Sigmund Freud
Mengès, 2005

Qu'est-ce qu'un peuple premier ?
Panama, « Cyclo », 2006

RÉCIT

Cherche-midi
Stock, 2000
et « Le Livre de poche », n° 30048

Maison mère
NIL, 2006

POÉSIE

Growing an Indian Star
poèmes en anglais
Delhi, Vikas, 1991

EN COLLABORATION

L'Anthropologie : sciences des sociétés primitives ?
avec J. Copans, S. Tornay, M. Godelier
Denoël, « Le point de la question », 1971

Pour une critique marxiste de la théorie psychanalytique
avec Pierre Bruno et Lucien Sève
Éditions sociales, 1973, 2e édition, 1977

La Jeune Née
avec Hélène Cixous
10/18, 1975

La Psychanalyse
avec François Gantheret et Bernard Mérigot
Larousse, « Encyclopoche », 1976

Torero d'or
avec François Coupry
Hachette, 1981
nouvelle édition entièrement remaniée, Robert Laffont, 1992

La Folle et le Saint
avec Sudhir Kahar
Seuil, 1993

Le Féminin et le Sacré
avec Julia Kristeva
Stock, 1998

Éprouver mais n'en rien savoir
Entretien avec Edmond Blattchen
Alice, 2000

La Mère des masques : un Dogon raconte
de Sékou Ogobara Dolo
Propos recueillis par Catherine Clément
et Dominique-Antoine Grisoni
Aquarelles de Catherine Clément
Seuil, 2002

Le Divan et le Grigri
avec Tobie Nathan
Odile Jacob, 2002
et « Poches Odile Jacob », 2005

L'Inde des Indiens
avec André Lewin
Liana Levi, « L'Autre Guide », 2006

RÉALISATION : NORD COMPO À VILLENEUVE-D'ASCQ
IMPRESSION : NORMANDIE ROTO S.A.S À LONRAI
DÉPÔT LÉGAL : FÉVRIER 2007. N° 91754 (070179)
IMPRIMÉ EN FRANCE

Collection Points

SÉRIE SAGESSES

dirigée par Vincent Bardet et Jean-Louis Schlegel

Sa1. Paroles des anciens. Apophtegmes des Pères du désert *par Jean-Claude Guy*
Sa2. Pratique de la voie tibétaine, *par Chögyam Trungpa*
Sa3. Célébration hassidique, *par Elie Wiesel*
Sa4. La Foi d'un incroyant, *par Francis Jeanson*
Sa5. Le Bouddhisme tantrique du Tibet *par John Blofeld*
Sa6. Le Mémorial des saints, *par Farid-ud-D'in' Attar*
Sa7. Comprendre l'Islam, *par Frithjof Schuon*
Sa8. Esprit zen, esprit neuf, *par Shunryu Suzuki*
Sa9. La Bhagavad Gîtâ, *traduction et commentaires par Anne-Marie Esnoul et Olivier Lacombe*
Sa10. Qu'est-ce que le soufisme ?, *par Martin Lings*
Sa11. La Philosophie éternelle, *par Aldous Huxley*
Sa12. Le Nuage d'inconnaissance *traduit de l'anglais par Armel Guerne*
Sa13. L'Enseignement du Bouddha, *par Walpola Rahula*
Sa14. Récits d'un pèlerin russe, *traduit par Jean Laloy*
Sa15. Le Nouveau Testament *traduit par Émile Osty et Joseph Trinquet*
Sa16. La Voie et sa vertu. Tao-tê-king, *par Lao-tzeu*
Sa17. L'Imitation de Jésus-Christ, *traduit par Lamennais*
Sa18. Le Mythe de la liberté, *par Chögyam Trungpa*
Sa19. Le Pèlerin russe, trois récits inédits
Sa20. Petite Philocalie de la prière du cœur *traduit et présenté par Jean Gouillard*
Sa21. Le Zohar, *extraits choisis et présentés par Gershom G. Scholem*
Sa22. Les Pères apostoliques *traduction et introduction par France Quéré*
Sa23. Vie et Enseignement de Tierno Bokar *par Amadou Hampaté Bâ*
Sa24. Entretiens de Confucius, *traduction par Anne Cheng*
Sa25. Sept Upanishads, *par Jean Varenne*
Sa26. Méditation et Action, *par Chögyam Trungpa*
Sa27. Œuvres de saint François d'Assise

Sa28. Règles des moines, *introduction et présentation par Jean-Pie Lapierre*
Sa29. Exercices spirituels par saint Ignace de Loyola *traduction et commentaires par Jean-Claude Guy*
Sa30. La Quête du Graal, *présenté et établi par Albert Béguin et Yves Bonnefoy*
Sa31. Confessions de saint Augustin *traduction par Louis de Mondadon*
Sa32. Les Prédestinés, *par Georges Bernanos*
Sa33. Les Hommes ivres de Dieu, *par Jacques Lacarrière*
Sa34. Évangiles apocryphes, *par France Quéré*
Sa35. La Nuit obscure, *par saint Jean de la Croix traduction du P. Grégoire de Saint-Joseph*
Sa36. Découverte de l'Islam, *par Roger Du Pasquier*
Sa37. Shambhala, *par Chögyam Trungpa*
Sa38. Un saint soufi du XXe siècle, *par Martin Lings*
Sa39. Le Livre des visions et instructions *par Angèle de Foligno*
Sa40. Paroles du Bouddha, *traduit du chinois par Jean Eracle*
Sa41. Né au Tibet, *par Chögyam Trungpa*
Sa42. Célébration biblique, *par Elie Wiesel*
Sa43. Les Mythes platoniciens, *par Geneviève Droz*
Sa44. Dîwân, *par Husayn Mansûr Hallâj*
Sa45. Questions zen, *par Philip Kapleau*
Sa46. La Voie du samouraï, *par Thomas Cleary*
Sa47. Le Prophète *et* Le Jardin du Prophète *par Khalil Gibran*
Sa48. Voyage sans fin, *par Chögyam Trungpa*
Sa49. De la mélancolie, *par Romano Guardini*
Sa50. Essai sur l'expérience de la mort *par Paul-Louis Landsberg*
Sa51. La Voie du karaté, *par Kenji Tokitsu*
Sa52. Le Livre brûlé, *par Marc-Alain Ouaknin*
Sa53. Shiva, *traduction et commentaires d'Alain Porte*
Sa54. Retour au silence, *par Dainin Katagiri*
Sa55. La Voie du Bouddha, *par Kyabdjé Kalou Rinpoché*
Sa56. Vivre en héros pour l'éveil, *par Shantideva*
Sa57. Hymne de l'univers, *par Pierre Teilhard de Chardin*
Sa58. Le Milieu divin, *par Pierre Teilhard de Chardin*
Sa59. Les Héros mythiques et l'Homme de toujours *par Fernand Comte*
Sa60. Les Entretiens de Houang-po *présentation et traduction de Patrick Carré*
Sa61. Folle Sagesse, *par Chögyam Trungpa*

Sa62. Mythes égyptiens, *par George Hart*
Sa63. Mythes nordiques, *par R.I. Page*
Sa64. Nul n'est une île, *par Thomas Merton*
Sa65. Écrits mystiques des Béguines, *par Hadewijch d'Anvers*
Sa66. La Liberté naturelle de l'esprit, *par Longchenpa*
Sa67. La Sage aux champignons sacrés, *par Maria Sabina*
Sa68. La Mystique rhénane, *par Alain de Libera*
Sa69. Mythes de la Mésopotamie, *par Henrietta McCall*
Sa70. Proverbes de la sagesse juive, *par Victor Malka*
Sa71. Mythes grecs, *par Lucilla Burn*
Sa72. Écrits spirituels d'Abd el-Kader
présentés et traduits de l'arabe par Michel Chodkiewicz
Sa73. Les Fioretti de saint François
introduction et notes d'Alexandre Masseron
Sa74. Mandala, *par Chögyam Trungpa*
Sa75. La Cité de Dieu
1. Livres I à X, *par saint Augustin*
Sa76. La Cité de Dieu
2. Livres XI à XVII, *par saint Augustin*
Sa77. La Cité de Dieu
3. Livres XVIII à XXII, *par saint Augustin*
Sa78. Entretiens avec un ermite de la sainte Montagne
sur la prière du cœur, *par Hiérothée Vlachos*
Sa79. Mythes perses, *par Vesta Sarkhosh Curtis*
Sa80. Sur le vrai bouddhisme de la Terre Pure, *par Shinran*
Sa81. Le Tabernacle des Lumières, *par Ghazâlî*
Sa82. Le Miroir du cœur. Tantra du Dzogchen
traduit du tibétain et commenté par Philippe Cornu
Sa83. Yoga, *par Tara Michaël*
Sa84. La Pensée hindoue, *par Émile Gathier*
Sa85. Bardo. Au-delà de la folie, *par Chögyam Trungpa*
Sa86. Mythes aztèques et mayas, *par Karl Taube*
Sa87. Partition rouge, *par Florence Delay et Jacques Roubaud*
Sa88. Traité du Milieu, *par Nagarjuna*
Sa89. Construction d'un château, *par Robert Misrahi*
Sa90. Mythes romains, *par Jane F. Gardner*
Sa91. Le Cantique spirituel, *par saint Jean de la Croix*
Sa92. La Vive Flamme d'amour, *par saint Jean de la Croix*
Sa93. Philosopher par le Feu, *par Françoise Bonardel*
Sa94. Le Nouvel Homme, *par Thomas Merton*
Sa95. Vivre en bonne entente avec Dieu
par Baal-Shem-Tov
paroles recueillies par Martin Buber
Sa96. Être plus, *par Pierre Teilhard de Chardin*

Sa97. Hymnes de la religion d'Aton
traduits de l'égyptien et présentés par Pierre Grandet
Sa98. Mythes celtiques, *par Miranda Jane Green*
Sa99. Le Soûtra de l'estrade du Sixième Patriarche Houei-neng
par Fa-hai
Sa100. Vie écrite par elle-même, *par Thérèse d'Avila*
Sa101. Seul à seul avec Dieu, *par Janusz Korczak*
Sa102. L'Abeille turquoise, *par Tsangyang Gyatso*
chants d'amour présentés et traduits par Zéno Bianu
Sa103. La Perfection de sagesse
traduit du tibétain par Georges Driessens
sous la direction de Yonten Gyatso
Sa104. Le Sentier de rectitude, *par Moïse Hayyim Luzzatto*
Sa105. Tantra. La voie de l'ultime, *par Chögyam Trungpa*
Sa106. Les Symboles chrétiens primitifs, *par Jean Daniélou*
Sa107. Le Trésor du cœur des êtres éveillés, *par Dilgo Khyentsé*
Sa108. La Flamme de l'attention, *par Krishnamurti*
Sa109. Proverbes chinois, *par Roger Darrobers*
Sa110. Les Récits hassidiques, tome 1, *par Martin Buber*
Sa111. Les Traités, *par Maître Eckhart*
Sa112. Krishnamurti, *par Zéno Bianu*
Sa113. Les Récits hassidiques, tome 2, *par Martin Buber*
Sa114. Ibn Arabî et le Voyage sans retour, *par Claude Addas*
Sa115. Abraham ou l'Invention de la foi, *par Guy Lafon*
Sa116. Padmasambhava, *par Philippe Cornu*
Sa117. Socrate, *par Micheline Sauvage*
Sa118. Jeu d'illusion, *par Chögyam Trungpa*
Sa119. La Pratique de l'éveil de Tipola à Trungpa
par Fabrice Midal
Sa120. Cent Éléphants sur un brin d'herbe, *par le Dalaï-Lama*
Sa121. Tantra de l'union secrète, *par Yonten Gyatso*
Sa122. Le Chant du Messie, *par Michel Bouttier*
Sa123. Sermons et Oraisons funèbres, *par Bossuet*
Sa124. Qu'est-ce que le hassidisme ?, *par Haïm Nisenbaum*
Sa125. Dernier Journal, *par Krishnamurti*
Sa126. L'Art de vivre. Méditation Vipassana
enseignée par S.N. Goenka, *par William Hart*
Sa127. Le Château de l'âme, *par Thérèse d'Avila*
Sa128. Sur le Bonheur / Sur l'Amour
par Pierre Teilhard de Chardin
Sa129. L'Entraînement de l'esprit
et l'Apprentissage de la bienveillance
par Chögyam Trungpa
Sa130. Petite Histoire du Tchan, *par Nguên Huu Khoa*

Sa131. Le Livre de la piété filiale, *par Confucius*
Sa132. Le Coran, *traduit par Jean Grosjean*
Sa133. L'Ennuagement du cœur, *par Rûzbehân*
Sa134. Les Plus Belles Légendes juives, *par Victor Malka*
Sa135. La Fin'amor, *par Jean-Claude Marol*
Sa136. L'Expérience de l'éveil, *par Nan Huai-Chin*
Sa137. La Légende dorée, *par Jacques de Voragine*
Sa138. Paroles d'un soufi, *par Kharaqânî*
Sa139. Jérémie, *par André Neher*
Sa140. Comment je crois, *par Pierre Teilhard de Chardin*
Sa141. Han-Fei-tse ou le Tao du prince, *par Han Fei*
Sa142. Connaître, soigner, aimer, *par Hippocrate*
Sa143. La parole est un monde, *par Anne Stamm*
Sa144. El Dorado, *par Zéno Bianu et Luis Mizón*
Sa145. Les Alchimistes
par Michel Caron et Serge Hutin
Sa146. Le Livre de la Cour Jaune, *par Patrick Carré*
Sa147. Du bonheur de vivre et de mourir en paix
par Sa Sainteté le Dalaï-Lama
Sa148. Science et Christ, *par Pierre Teilhard de Chardin*
Sa149. L'Enseignement de Sri Aurobindo
par Madhav P. Pandit
Sa150. Le Traité de Bodhidharma
anonyme, traduit et commenté par Bernard Faure
Sa151. Les Prodiges de l'esprit naturel,
par Tenzin Wangyal
Sa152. Mythes et Dieux tibétains, *par Fabrice Midal*
Sa153. Maître Eckhart et la mystique rhénane
par Jeanne Ancelet-Hustache
Sa154. Le Yoga de la sagesse, *par Sa Sainteté le Dalaï-Lama*
Sa155. Conseils au roi, *par Nagarjuna*
Sa156. Gandhi et la non-violence, *par Suzanne Lassier*
Sa157. Chants mystiques du tantrisme cachemirien, *par Lalla*
Sa158. Saint François d'Assise et l'esprit franciscain
par Ivan Gobry
Sa159. La Vie, *par Milarepa*
Sa160. L'Avenir de l'Homme
par Pierre Teilhard de Chardin
Sa161. La Méditation en Orient et en Occident
par Hans Waldenfels
Sa162. Les Entretiens du Bouddha, *par Mohan Wijayaratna*
Sa163. Saint Benoît et la vie monastique, *par Claude Jean-Nesmy*
Sa164. L'Esprit du Tibet, *par Dilgo Khyentsé*
Matthieu Ricard

Sa165. Dieu et Moi, *par Aldous Huxley*
Sa166. Les Dernières Paroles de Krishna, *anonyme*
Sa167. Yi-King, par Thomas Cleary, *Lieou Yi-Ming*
Sa168. St Grégoire Palamas et la Mystique orthodoxe *par Jean Meyendorff*
Sa169. Paraboles celtiques, *par Robert Van de Weyer*
Sa170. Le Livre des dialogues, *par Catherine de Sienne*
Sa171. Cendres sur le Bouddha, *par Seung Sahn*
Sa172. Conseils spirituels aux bouddhistes et aux chrétiens *par Sa Sainteté le Dalaï-Lama*
Sa173. Charles de Foucault et la Fraternité *par Denise et Robert Barrat*
Sa174. Préceptes de vie issus de la sagesse amérindienne *par Jean-Paul Bourre*
Sa175. Préceptes de vie issus du guerrier de lumière *par Jean-Paul Bourre*
Sa176. L'Énergie humaine, *par Pierre Teilhard de Chardin*
Sa177. Dhammapada, *traduit par Le Dong*
Sa178. Le Livre de la chance, *par Nagarjuna*
Sa179. Saint Augustin et l'Augustinisme *par Henri-Irénée Marrou*
Sa180. Odes mystiques, *par Mawlâna Djalâl Od-Dîn Rûmi*
Sa181. Préceptes de vie issus de la sagesse juive *par Pierre Itshak Lurçat (éd.)*
Sa182. Préceptes de vie issus du Dalaï-Lama *par Bernard Baudouin*
Sa 183. Dharma et Créativité, *par Chögyam Trungpa*
Sa 184. Les Sermons I, *par Maître Eckhart*
Sa 187. Confucius et l'Humanisme chinois, *par Pierre Do-Dinh*
Sa 188. Machik Labdron, Femmes et Dakini du Tibet *par Jérôme Edou*
Sa 189. La Vraie Loi, trésor de l'œil, *par Maître Dogen*
Sa 190. Les Voies spirituelles du bonheur *par Sa Sainteté le Dalaï-Lama*
Sa 191. Moïse et la Vocation juive, *par André Neher*
Sa 192. La Voie du tantra, *par Ajit Mookerjee et Madhu Khanna*
Sa 193. Mythes incas, *par Gary Urton*
Sa 194. L'Initiation de Kalachakra, *par Alexander Berzin*
Sa 195. Patañjali et le Yoga, *par Mircea Eliade*
Sa 196. Préceptes de vie du Mahatma Gandhi, *par Henri Stern*
Sa 197. Rabbi Siméon bar Yochaï et la Cabbale *par Guy Casaril*
Sa 198. La Vie de Naropa, *anonyme*
Sa 199. La Quête de la Sagesse, *anonyme*

Sa 200. Saint Thomas d'Aquin et la théologie
par Marie-Dominique Chenu
Sa 201. L'Esprit du zen, *par Alan Wilson Watts*
Sa 202. Rûmî et le Soufisme, *par Eva de Vitray Meyerovitch*
Sa 203. Dzogchen, *par Sa Sainteté le Dalaï-Lama*
Sa 204. Les Chants de l'île à dormir debout, *par Élizabeth Inandiak*
Sa 205. Mythes russes, *par Elizabeth Warner*
Sa 206. Mani et la tradition manichéenne, *par François Decret*
Sa 207. Mythes chinois, *par Anne Birrell*
Sa 208. La Vie merveilleuse des 84 grands sages de l'Inde ancienne
par Abhayadatta
Sa 209. Enseignements secrets, *par Chögyam Trungpa*
Sa 210. Mots d'esprit de l'humour juif, *par Victor Malka*
Sa 211. Sermons du Bouddha, *par Môhan Wijayaratna*
Sa 212. Manuscrits autobiographiques
par Sainte Thérèse de l'Enfant Jésus
Sa 213. Zarathushtra et la tradition mazdéenne, *par Jean Varenne*
Sa 214. Au cœur de l'éveil, *par Sa Sainteté le Dalaï-Lama*
et le Vénérable Maître chan Sheng-Yen
Sa 215. Le Bouddhisme, *par Peter Harvey*
Sa 216. Saint Paul, *par Claude Tresmontant*
Sa 217. Épictète et la Spiritualité stoïcienne, *par Gabriel Germain*
Sa 218. Les Grands Sages du judaïsme, *par Victor Malka*
Sa 219. Le chemin est le but, *par Chögyam Trungpa*
Sa 220. La Fin de la souffrance, *par Pankaj Mishra*
Sa 221. Promenade avec les dieux de l'Inde, *par Catherine Clément*

Collection Points

DERNIERS TITRES PARUS

P1545. L'habit ne fait pas le moine. Petite histoire des expressions
Gilles Henry
P1546. Petit fictionnaire illustré. Les mots qui manquent au dico
Alain Finkielkraut
P1547. Le Pluriel de bric-à-brac et autres difficultés
de la langue française, *Irène Nouailhac*
P1548. Un bouquin n'est pas un livre. Les nuances des synonymes
Rémi Bertrand
P1549. Sans nouvelles de Gurb, *Eduardo Mendoza*
P1550. Le Dernier Amour du président, *Andreï Kourkov*
P1551. L'Amour, soudain, *Aharon Appelfeld*
P1552. Nos plus beaux souvenirs, *Stewart O'Nan*
P1553. Saint-Sépulcre !, *Patrick Besson*
P1554. L'Autre comme moi, *José Saramago*
P1555. Pourquoi Mitterrand ?, *Pierre Joxe*
P1556. Pas si fous ces Français !
Jean-Benoît Nadeau et Julie Barlow
P1557. La Colline des Anges
Jean-Claude Guillebaud et Raymond Depardon
P1558. La Solitude heureuse du voyageur
précédé de Notes, *Raymond Depardon*
P1559. Hard Revolution, *George P. Pelecanos*
P1560. La Morsure du lézard, *Kirk Mitchell*
P1561. Winterkill, *C.J. Box*
P1562. La Morsure du dragon, *Jean-François Susbielle*
P1563. Rituels sanglants, *Craig Russell*
P1564. Les Écorchés, *Peter Moore Smith*
P1565. Le Crépuscule des géants. Les Enfants de l'Atlantide III
Bernard Simonay
P1566. Aara. Aradia I, *Tanith Lee*
P1567. Les Guerres de fer. Les Monarchies divines III
Paul Kearney
P1568. La Rose pourpre et le Lys, tome 1, *Michel Faber*
P1569. La Rose pourpre et le Lys, tome 2, *Michel Faber*
P1570. Sarnia, *G.B. Edwards*
P1571. Saint-Cyr/La Maison d'Esther, *Yves Dangerfield*
P1572. Renverse du souffle, *Paul Celan*
P1573. Pour un tombeau d'Anatole, *Stéphane Mallarmé*
P1574. 95 poèmes, *E.E. Cummings*

P1575. Le Dico des mots croisés.
8 000 définitions pour devenir imbattable, *Michel Laclos*
P1576. Les deux font la paire.
Les couples célèbres dans la langue française, *Patrice Louis*
P1577. C'est la cata. Petit manuel du français maltraité
Pierre Bénard
P1578. L'Avortement, *Richard Brautigan*
P1579. Les Braban, *Patrick Besson*
P1580. Le Sac à main, *Marie Desplechin*
P1581. Nouvelles du monde entier, *Vincent Ravalec*
P1582. Le Sens de l'arnaque, *James Swain*
P1583. L'Automne à Cuba, *Leonardo Padura*
P1584. Le Glaive et la Flamme. La Saga du Roi Dragon III
Stephen Lawhead
P1585. La Belle Arcane. La Malerune III
Michel Robert et Pierre Grimbert
P1586. Femme en costume de bataille, *Antonio Benitez-Rojo*
P1587. Le Cavalier de l'Olympe. Le Châtiment des Dieux II
François Rachline
P1588. Le Pas de l'ourse, *Douglas Glover*
P1589. Lignes de fond, *Neil Jordan*
P1590. Monsieur Butterfly, *Howard Buten*
P1591. Parfois je ris tout seul, *Jean-Paul Dubois*
P1592. Sang impur, *Hugo Hamilton*
P1593. Le Musée de la sirène, *Cypora Petitjean-Cerf*
P1594. Histoire de la gauche caviar, *Laurent Joffrin*
P1595. Les Enfants de chœur (Little Children), *Tom Perrotta*
P1596. Les Femmes politiques, *Laure Adler*
P1597. La Preuve par le sang, *Jonathan Kellerman*
P1598. La Femme en vert, *Arnaldur Indridason*
P1599. Le Che s'est suicidé, *Petros Markaris*
P1600. Les Nouvelles Enquêtes du juge Ti, vol. 3
Le Palais des courtisanes, *Frédéric Lenormand*
P1601. Trahie, *Karin Alvtegen*
P1602. Les Requins de Trieste, *Veit Heinichen*
P1603. Pour adultes seulement, *Philip Le Roy*
P1604. Offre publique d'assassinat, *Stephen W. Frey*
P1605. L'Heure du châtiment, *Eileen Dreyer*
P1606. Aden, *Anne-Marie Garat*
P1607. Histoire secrète du Mossad, *Gordon Thomas*
P1608. La Guerre du paradis. Le Chant d'Albion I
Stephen Lawhead
P1609. La Terre des Morts. Les Enfants de l'Atlantide IV
Bernard Simonay

P1610. Thenser. Aradia II, *Tanith Lee*
P1611. Le Petit Livre des gros câlins, *Kathleen Keating*
P1612. Un soir de décembre, *Delphine de Vigan*
P1613. L'Amour foudre, *Henri Gougaud*
P1614. Chaque jour est un adieu *suivi de* Un jeune homme est passé
Alain Rémond
P1615. Clair-obscur, *Jean Cocteau*
P1616. Chihuahua, zébu et Cie.
L'étonnante histoire des noms d'animaux
Henriette Walter et Pierre Avenas
P1617. Les Chaussettes de l'archiduchesse et autres défis
de la prononciation
Julos Beaucarne et Pierre Jaskarzec
P1618. My rendez-vous with a femme fatale.
Les mots français dans les langues étrangères
Franck Resplandy
P1619. Seulement l'amour, *Philippe Ségur*
P1620. La Jeune Fille et la Mère, *Leïla Marouane*
P1621. L'Increvable Monsieur Schneck, *Colombe Schneck*
P1622. Les Douze Abbés de Challant, *Laura Mancinelli*
P1623. Un monde vacillant, *Cynthia Ozick*
P1624. Les Jouets vivants, *Jean-Yves Cendrey*
P1625. Le Livre noir de la condition des femmes
Christine Ockrent (dir.)
P1626. Comme deux frères, *Jean-François Kahn et Axel Kahn*
P1627. Equador, *Miguel Sousa Tavares*
P1628. Du côté où se lève le soleil, *Anne-Sophie Jacouty*
P1629. L'Affaire Hamilton, *Michelle De Kretser*
P1630. Une passion indienne, *Javier Moro*
P1631. La Cité des amants perdus, *Nadeem Aslam*
P1632. Rumeurs de haine, *Taslima Nasreen*
P1633. Le Chromosome de Calcutta, *Amitav Ghosh*
P1634. Show business, *Shashi Tharoor*
P1635. La Fille de l'arnaqueur, *Ed Dee*
P1636. En plein vol, *Jan Burke*
P1637. Retour à la Grande Ombre, *Hakan Nesser*
P1638. Wren. Les Descendants de Merlin I, *Irene Radford*
P1639. Petit manuel de savoir-vivre à l'usage des enseignants
Boris Seguin, Frédéric Teillard
P1640. Les Voleurs d'écritures *suivi de* Les Tireurs d'étoiles
Azouz Begag
P1641. L'Empreinte des dieux. Le Cycle de Mithra I
Rachel Tanner